AF202940

Martina Deschner und
Gabi Kleber

& 19 Top-Expert:Innen

VERÄNDERUNG IST DIE CHANCE

Die erfolgreichsten Strategien, um dein Leben
nachhaltig zu verändern

www.veraenderung-ist-die-chance.de/dasbuch

© 2023 Martina Deschner, Gabi Kleber

ISBN Softcover: 978-3-347-97343-5
ISBN E-Book: 978-3-347-97344-2

Druck und Distribution im Auftrag :
tredition GmbH, Heinz-Beusen-Stieg 5, 22926 Ahrensburg, Germany

Das Werk, einschließlich seiner Teile, ist urheberrechtlich geschützt. Für die Inhalte ist verantwortlich. Jede Verwertung ist ohne unzulässig. Die Publikation und Verbreitung erfolgen im Auftrag , zu erreichen unter: tredition GmbH, Abteilung "Impressumservice", Heinz-Beusen-Stieg 5, 22926 Ahrensburg, Deutschland.

3

Vorwort

Wir leben in einer Zeit, in der fast jeden Tag Veränderungen auf uns zukommen. Eine Zeit, in der wir in unserer gemütlichen Komfortzone richtig durchgeschüttelt werden. „Wie wird es weitergehen? "Was kommt auf uns alle zu?", fragen sich viele Menschen. Ängste und Depressionen nehmen zu. Die Pandemie ist zwar im Augenblick nicht mehr in unserem Fokus, doch die momentane politische Lage trägt nicht dazu bei, dass wir uns sicher fühlen. Dazu kommen die Inflation, die Unsicherheit über die Versorgungslage bei Gas und Heizöl und der Klimawandel. Auch privat oder beruflich haben viele Menschen große Herausforderungen, die nicht einfach zu lösen sind. Es ist gerade eine Zeit, wo wir erleben, dass unsere Akkus immer leerer werden. In unseren Coachingsitzungen erleben wir all dies jeden Tag mit unseren Klienten.

Wir möchten mit unserem Buch „Veränderung ist DIE Chance" zeigen, dass Veränderung natürlich ist und positiv für uns sein kann. Wir möchten auch dazu anregen, sich bewusst zu machen, dass wir nicht machtlos sind und selbstbestimmt mit jeder Herausforderung umgehen können. Wir geben auch Hilfestellungen, damit du dein Energielevel wieder anheben kannst und dein Leben leichter wird.

Wir haben eine Vision, die wir in die Welt hinaustragen möchten. Keine(r) von uns ist allein. Wir können uns gegenseitig stärken und ermutigen. Wir können miteinander alles schaffen, was wir wollen. Denn wir sind nicht voneinander getrennt, sondern alle eins. Mit dieser Vision haben wir beide dieses Buch-Projekt ins Leben gerufen und sind stolz darauf, 19 Top-Expert:Innen an unserer Seite zu wissen, die sowohl kompetent als auch emphatisch jeden Tag Menschen unterstützen.

Alle, die an diesem Buch mitgewirkt haben, sind selbst durch viele Veränderungsphasen gegangen und haben sehr offen und berührend über ihre eigenen großen Veränderungen berichtet. Und nicht nur in diesem Buch. Wir haben die Autor:Innen auch interviewt und sie gebeten, mit uns darüber zu sprechen, wie sie mit diesem Thema umgehen. Auch diese Interviews stehen dir zur Verfügung.

Wie kann dir dieses Buch helfen?

Geh' einfach los und lasse Seite für Seite auf dich wirken. Jede(r) Co-Autor:In hat seinen Raum für dich in einem eigenen Kapitel geöffnet. Du erhältst Einblicke, wie andere Menschen mit Veränderung umgehen und enthält Erkenntnisse, die jede(r) gemacht hat.

Vielleicht stehst du gerade an einer Stelle, wo dir eine Stimme zuflüstert: „Es ist Zeit für Neues." Sei mutig und traue dich!

Denn, es erfordert Mut loszulaufen und Bestärkung von außen ist eine große Unterstützung. Vielleicht findest du dich in der einen oder anderen Geschichte wieder und fühlst dich, als ob du in einen Spiegel schaust.

Dieses Buch ist eine Einladung, positiv mit dem Thema der Veränderung umzugehen und Veränderung als DIE Chance zu erkennen.

Die einzelnen Interviews kannst du dir auf der Seite

https://veraenderung-ist-die-chance.de/dasbuch

oder auf unserem Youtube-Kanal

https://www.youtube.com/channel/UC4EOEIRC6v2zyJg2-qP5WIA

anschauen.

Um dich nachhaltig zu unterstützen, haben unsere Expert:Innen zusätzlich viele Möglichkeiten für dich bereitgestellt. Du kannst mit ihnen Kontakt aufnehmen und hast die Chance, über dieses Buch hinaus dein Ziel zu erreichen.

Du findest die Geschenke auf der „Über Mich" Seite der einzelnen Co-Autor*Innen.

Wir sagen DANKE an

- Alle, die an diesem Buch mitgewirkt haben, uns unterstützt haben und unser Buch in dieser Form möglich gemacht haben.
- Für das Vertrauen, das unsere Co-Autor:Innen uns geschenkt habt.
- An unsere Leser und Leserinnen.
- An jeden, der erkennt, wie wertvoll dieses Buch ist und es zur Unterstützung von anderen Menschen weiter verschenkt.

Und wir sind dankbar, dass wir beide uns gefunden haben und in dieser wundervollen Art und Weise zusammenarbeiten können und uns gegenseitig unterstützen und tragen.

Du kannst deine Vergangenheit nicht ändern,

deine Zukunft kennst du nicht,

und deine Träume warten nicht bis morgen.

Wenn du dem Ruf deines Herzens folgst,

das tust, was sich gut anfühlt,

nicht stehen bleibst, sondern mutig losgehst

und dich weiter entwickelst, dann spürst DU

„Veränderung ist DIE Chance"

Martina und Gabi

Inhaltsverzeichnis

Karen Christine Angermayer

ist Expertin für erfolgreiches Bücherschreiben, Ghostwriting, (Self-)Publishing und Marketing.

Mein Tag dreht sich immer darum, dich und dein wertvolles Wissen sichtbar und erlebbar werden zu lassen. Auf authentische Weise und immer mit dem Ziel, genau die Kund:innen in dein Leben zu holen, mit denen dir die Zusammenarbeit Spaß macht, leicht geht und wertschätzend ist. Auf allen Ebenen.

In den vergangenen 10 Jahren habe ich über 40 Bücher bei großen Verlagen veröffentlichen dürfen. Sie werden in vielen Ländern auf der Welt gelesen. Darüber hinaus begleite ich Selbständige und Unternehmer:innen wie dich als Ghostwriterin, Sparringspartnerin und auch als Buchproduzentin. Das bedeutet: Ich unterstütze dich von der ersten Idee bis zum gedruckten Buch, das du in Händen hältst.

Auch bei der Suche nach Verlagen helfe ich mit meiner Expertise und meinen Optimierungsempfehlungen für Exposé und Leseprobe.

Leichtigkeit und Klarheit sind wichtige Schlüssel in meinem Alltag. In meinem gut gefüllten Businessalltag braucht es beide unbedingt

– sonst könnte ich nicht so viel für meine Kund:innen und für mich selbst bewirken! Ich teile großzügig, ehrlich und offenen Herzens all die Dinge und Werkzeuge, die mir auf meinem 23-jährigen Weg besonders hilfreich waren und sind.

Wenn dir das Schreiben nach einem Gespräch, einem Workshop oder einer Beratung bei mir als „wunderbar leicht und machbar" erscheint und du am liebsten sofort loslegen willst – und wenn du dann wenige Wochen oder Monate später dein Buch in Händen hältst -, dann ist mein größtes Ziel erreicht.

Dein Geschenk

Das Buch „BOOK & MONEY: In 5 Schritten zu deinem eigenen Buch und zu mehr Sichtbarkeit" – ein 116 Seiten starkes E-Book, mit dem du sofort starten kannst.

https://dashboard.mailer-lite.com/forms/429467/87453304324359678/share

Dein Kontakt zu mir

Homepage:
https://angermayer-sorriso.com/

Terminbuchung zu einem kostenfreien Gespräch:
https://angermayer.youcanbook.me/

Facebook:
https://www.facebook.com/karenchristine.angermayer

Instagram:
https://www.instagram.com/karenchristineangermayer/

LinkedIn:
https://www.linkedin.com/in/karen-christine-angermayer-46a656b2/

Kursbuchung zum Bücherschreiben:
https://elopage.com/s/angermayer-online-academy

Ein hilfreicher Blogbeitrag über die „Morgenseiten":
https://angermayer-sorriso.com/aufraeumen-im-kopf-mit-den-morgenseiten/

Bildrechte: Sabine Kristan Fotografi

Karen Christine Angermayer: "Wer bewusst und klar ist, erlebt die schönsten Veränderungen - im Leben wie beim Schreiben!"

Was bedeutet Veränderung für dich persönlich?

In meinem derzeit 48-jährigen Leben haben Veränderungen immer einen festen Platz. Geplante und ungeplante. Wenn ich auf die Veränderungen meiner Kindheit schaue, wie die Scheidung meiner Eltern, ein unangekündigter Umzug über Nacht, kurz darauf die schweren Krankheitsverläufe von Mutter und Vater, obwohl beide noch jung waren, dann begleitet mich oft das Gefühl des Verlusts, Gedanken wie Unfairness und Unwiederbringlichkeit.

Im Laufe meines Lebens lernte ich, dass Veränderung auch etwas ganz anderes bedeuten kann. Freiheit zum Beispiel. Leichtigkeit. Leben! Veränderung kann heißen: Ich mache mich frei von etwas, das nicht mehr zu mir passt, dass nicht mehr *ich* bin. Eine Herzbeutelentzündung brachte mich mit 23 auf diesen neuen Weg, diese veränderte (!) Wahrnehmung meiner selbst.

Ich hörte den Ruf meines Herzens und machte mich selbständig. Später hörte ich den Ruf noch öfter: Ich beendete meine Ehe, trotz zweier kleiner Kinder. Ich schloss mein eigenes Verlagshaus wieder, das ich mit großer Liebe und unglaublich hohem Zeit-, Energie- und Geldaufwand aufgebaut hatte.

Klarheit und Bewusstheit sind dabei immer wichtige Schlüssel gewesen, um Veränderungen gut zu überstehen. Und auch, um mit

13

den Menschen, die ebenfalls Teil der Veränderung sind, wertschätzend, liebevoll und respektvoll umgehen zu können.

Was sind deine drei besten Strategien zum Thema Veränderung?

1. Klarheit schaffen und zu mir selbst ehrlich sein.
2. Einen Plan vordenken.
3. Voller Mut hineinspringen ins Abenteuer!

Klarheit schaffen heißt:
Wenn mich eine Veränderung umtreibt und sich spürbar anbahnt, dann gehe ich bewusst in die Stille. Ich schaffe Klarheit, indem ich mir Fragen stelle: Was wühlt da in mir? Was will sich bewegen? Was will gehen?

Für meine Arbeit mit Menschen und beim Schreiben brauche ich unbedingte Klarheit.
Ein unruhiger Geist kann keine Bücher schreiben und keine aufmerksamen Beratungen halten. Ich spreche zwar mit meinen engsten Freundinnen und meinem Partner über das, was mich beschäftigt. Doch ich ziehe immer meine eigene innere Stimme zu Rate, meine Intuition und auch die Hilfe der "Geistigen Welt". In meiner Anbindung „nach oben" fühle ich mich wohl und gestärkt und weiß, dass mir nichts passieren kann.

Dazu gehört es, zu mir selbst absolut ehrlich zu sein. Als ich vor über 10 Jahren meine Ehe beendete, fiel mir dies nicht leicht. Ich wollte meinen ersten Mann, der mich über unsere gesamte gemeinsame Zeit hinweg immer unterstützt hatte, nicht vor den Kopf und ins Herz stoßen. Gleichzeitig fühlte ich: „Wenn ich bleibe, stirbt etwas von mir mit der Zeit. "Immer ein Stückchen mehr ..." Unsere Kinder waren klein und ich arbeitete (wie heute auch) in einem künstlerisch geprägten Beruf. Viele Frauen wären sicher geblieben. Der Sicherheit halber. Doch das entspricht nicht meinen Werten.

Ich sprang ins Ungewisse – und neue Wege taten sich auf. Ich lernte, dass ich mich auf meine Kreativität immer verlassen kann. Ganz egal, was in meinem Leben gerade passiert und ob die Welt da draußen zusammenfällt. Meine Gabe der Ideen- und Lösungsfindung ist immer da! Das hat mir eine neue Sicherheit geschenkt. Heute ziehe ich als weiteren wertvollen „Ratgeber" noch die Geistige Welt hinzu. Für mich persönlich, und auf Wunsch auch für meine Kund:innen, zum Beispiel in Form einer Akasha Lesung.

Einen Plan vordenken heißt:
Wenn ich die Struktur einläute, dann erschaffe ich mir eine mögliche Gliederung, wie mein Weg aussehen könnte. Als Autorin und auch in der Beratung von Menschen gehöre ich immer zu denen, die einen gewissen Plan empfehlen. Auch wenn kreative Projekte wie z. B. ein Buch immer noch einen eigenen Kopf haben und gewisse Freiheiten sowie lose Zügel an der einen oder anderen Stelle brauchen.

Ein Plan gibt mir eine Ordnung und dient als Leitplanke. Wenn Menschen sich mit einem bestimmten Thema selbständig machen wollen, erstellen wir zum Beispiel einen Umsatzplan: Mit welchem Produkt verdienst du soundso viel? Wie viel muss am Monatsende hereinkommen, damit der Plan von der Freiheit aufgeht und der Traum nicht zum Alptraum wird?

Das bedeutet nicht, dass dieser Plan 1:1 so umgesetzt werden muss. Wenn wir uns auf den Weg machen, tauchen von ganz allein die richtigen Helfer und Lösungen auf, die bei der Umsetzung helfen.
Doch ganz ohne Plan zu starten – ob in eine private beziehungsweise berufliche Veränderung oder in ein Buchprojekt, das würde ich dir nicht empfehlen.

Zu dritter und guter Letzt: Voller Mut ins Abenteuer reinspringen heißt:
Loslegen. Den ersten Schritt wagen. Und weitergehen. Immer weiter. Im Vertrauen auf die innere Führung, die jede/r von uns hat. Denn unser Weg entsteht beim Gehen. Das stelle ich interessanterweise auch beim Schreiben immer wieder fest. Es nützt nichts, auf den Musenkuss zu warten. Die Muse kommt dann zu uns, wenn wir zum Stift bzw. zur Tastatur greifen!
Dies bedeutet auch, uns selbst ernst zu nehmen. Ein Herzensprojekt, aufrichtig anzugehen, ihm Zeit und Energie einzuräumen. Oder eben eine größere Veränderung zu wagen.

Mit „reinspringen" meine ich kein blindes Vertrauen und auch keine Kopflosigkeit. Es ist vielmehr ein bewusstes Fortbewegen – in Richtung meines Ziels. Du merkst: In meiner Brust schlagen zwei Herzen. Das kreative, intuitive Herz und die Strategin und Unternehmerin. Beide sind mir zu wundervollen und wertvollen Begleitern geworden, die ich nicht missen möchte. Beides ist wichtig und hat seine Aufgabe!

Jemand hat einmal gesagt: „Unser Herz trifft Entscheidungen und unser Verstand hilft uns dabei, die nötigen Strukturen zu schaffen, um sie umzusetzen." Genauso empfinde ich es.

Es erfüllt mich mit großer Freude, Menschen wie dich jeden Tag bei wundervollen Veränderungen zu begleiten – hin zu mehr Gesehen werden, mehr Sichtbarkeit. Mehr vom eigenen, wahren Ich, das jetzt gelebt werden will.

Was war deine größte Veränderung und wie hast du sie gemeistert?

Mich haben viele Veränderungen herausgefordert und auch geprägt, darunter allein dreizehn Umzüge. Beim Umziehen lernst du loslassen! Du lernst auch: neue Wurzeln zu schlagen. Dich mit neuen Menschen zu verbinden. Einen neuen „tribe" um dich herum zu versammeln.

Die wohl prägendste Veränderung war meine Herzbeutelentzündung mit 23 Jahren. Ich fand meinen Vater nach vielen Jahren des Nicht-Kontakts seit der Scheidung meiner Eltern in Berlin-Steglitz in einem Pflegeheim. Er konnte nicht mehr mit mir sprechen, da er in einem Wachkoma lag. Und das schon über 10 Jahre, wie ich erfuhr. Ich hatte bis dahin immer gedacht, er hätte eine neue Familie und wäre glücklich.

Dieses Erlebnis hat mich umgehauen und mein Herz ziemlich durchgerüttelt. Ich reagierte mit einer Entzündung. Im Dialog mit meinem Herzen – überwiegend auf den „Morgenseiten" von Julia Cameron, begann ich, mich selbst zu erforschen. Ein neuer Weg formte sich, der sich zunächst unsicher anfühlte. Ich schrieb auf meinen Morgenseiten: „Ich will nicht länger die Träume anderer organisieren."

„Ich will meine eigenen Träume leben." Damals war ich in einer Filmproduktion angestellt. Die Arbeit an sich machte mir viel Spaß. Ich würde solche Projekte heute wieder organisieren.

Meine eigenen Träume, meine Kreativität, wollten an die Oberfläche!

Ich bin diesen Weg gegangen. Ich habe mutig die Entscheidung getroffen, zu kündigen und mich damals selbständig zu machen. Das ist jetzt mehr als fünfundzwanzig Jahre her und ich habe es keinen Tag bereut.

Heute kann ich den riesigen Schatz, den ich in dieser Veränderung in mir entdeckte, in die Arbeit mit Menschen wie dir einbringen und in die Bücher, die ich für große Verlage schreiben darf. Und das macht mich jeden Tag in Herz und Seele dankbar.

Carmen Backes

lebt schon ihr ganzes Leben im deutschsprachigen Teil Belgiens und ist 47 Jahre alt. Sie hat 3 Söhne im Teenageralter.

Einerseits gibt sie "Erste-Hilfe-Kurse" beim Roten Kreuz und andererseits beschäftigt sie sich seit einigen Jahren intensiv mit Persönlichkeitsentwicklung und ganzheitlichen Themen. Dazu gründete sie CaBaMedita, wo sie selbstständig Kurse und Coaching Programme plant und aufbaut.

Bei der Geburt ihres 3. Sohnes kam sie von einem Tag auf den anderen mit der geistigen Welt in Berührung. Ab da war nichts mehr wie vorher. Auch wenn sie es am Anfang noch verdrängte, irgendwann gab es kein Zurück mehr, sie wollte mehr wissen und sie wollte mehr vom Leben.

Obwohl sie alles hatte, ein wunderschönes Haus, einen guten Mann und ihre Kinder, in ihrem Inneren war diese Leere und tiefe Traurigkeit. Sie musste etwas ändern, alte Muster ploppten auf und sie erkannte immer mehr die Zusammenhänge.
Etliche Ausbildungen und Qualifikationen später ist ihr klar, nur der Mut zur Veränderung bringt am Ende auch die Erfüllung und die Transformation.

Als Coach begleitet sie Frauen in schwierigen Lebensphasen, sich neu auszurichten und den Mut für einen Neustart zu finden.

Sie selbst ist den Weg gegangen und es ist ihr eine Herzensangelegenheit, dass Frauen nach ihr diesen Weg nicht allein gehen müssen, so wie sie das meistens erlebt hat.

Dein Geschenk

Ein Video mit einer gechannelten Botschaft und passender Kartenlegung.

Kostenfreies Gespräch
Terminbuchung gerne über WhatsApp +32 475 830 926
(bitte kein Anruf)

Dein Kontakt zu mir

Homepage:
https://www.cabamedita.org/

Mail:
info@cabamedita.org

Facebook:
https://www.facebook.com/groups/verliebdichindeisein

Carmen Backes: „Veränderung ist eine Station im Leben"

Was bedeutet Veränderung für dich persönlich?

Veränderung ist für mich eine Station im Leben, der Wille, eine Entscheidung zu treffen, ob es nun gut wird oder nicht, liegt letzten Endes darin, was du daraus machst. Denn nur wegen einer Furcht in einer Situation zu verharren, und nicht den Schritt hinauszuwagen, ist für mich schon lange keine Option mehr. Nein, denn es ist meine Verpflichtung meiner Seele gegenüber, Veränderung zuzulassen, dafür wurde ich geboren.

Was sind deine drei besten Strategien zum Thema Veränderung?

Nimm Abstand und betrachte alles aus einer anderen Perspektive, denn meistens erscheinen uns die Dinge gar nicht mehr so unüberschaubar, wenn wir uns erlauben, ein wenig Abstand zu halten und auch anderen Denkweisen eine Chance zu geben.
Das funktioniert am besten, wenn wir uns bereits erlebte und verarbeitete Geschehnisse in Erinnerung holen. Dann erkennen wir meistens die Zusammenhänge und verstehen, wie es zu diesen Situationen kommen konnte. Wenn wir dann gezielt daran ansetzen und uns nicht wieder im Kreis drehen, erleben wir oft auf ganz einfache Art und Weise den lang ersehnten Durchbruch.
Genauso kann ich Vergleiche ziehen mit ganz kleinen, vereinfachten Beispielen, um so die großen besser zu veranschaulichen.

Analysiere dein Umfeld, ordne die darin lebenden Menschen und deine Strukturen neu. Oft sind es die Menschen um uns herum, die uns ausbremsen und verhindern, dass wir in unserem Leben weiterkommen. Ja, mir ist durchaus bewusst, dass es unsere eigenen Verhaltensweisen sind, die wir da gespiegelt bekommen, doch wir müssen uns auch vor Augen halten, dass auch wir Spiegel für die anderen sind, und wenn diese ihre Lektion gelernt haben, und die Verbindung nicht mehr dienlich ist, werden auch wir ausgemustert.

Je nachdem, um wen es sich dabei handelt, kann das sehr weh tun, aber wir dürfen lernen, wie wir damit "erwachsen" umgehen. So wie in der Geschichte mit dem Zug, wo Menschen einsteigen, aussteigen usw. Stell dir vor, wir würden in jeder Zugfahrt, bei jedem Stopp unseren Halt verlieren, nur weil wir nicht kontrollieren können, wer kommt und wer geht?

Gehe tief in dich hinein und entdecke den Kern des Ganzen in dir selbst.
Und da setzt mein Coaching an. Nur wenn du es schaffst, deine innere Quelle, deine Schöpferkraft anzuzapfen, wirst du unbesiegbar sein.

Doch vorher musst du diese erst freilegen, reinigen und neu füllen, sozusagen, dein Bewusstsein klären, dein Herz öffnen.

Ich habe bei dem Gedanken immer eine uralte, verschollene Stadt, oder Kultstätte vor Augen, die tief im Dschungel darauf wartet, wieder entdeckt zu werden, von den Lianen und Urwaldpflanzen befreit zu werden. Der zentrale Punkt ist ein riesiger Brunnen und die zuführenden Wasserkanäle werden freigelegt, damit die Energie wieder frei fließen kann.

Allein der Gedanke lässt mich schon mit voller Vorfreude an meine nächste Klientin denken, mit dem tiefen Wunsch, auch sie ein ganzes Stück ihres Weges begleiten zu dürfen.

Was war deine größte Veränderung und wie hast du sie ge-
meistert?

Die Entscheidung mich von meinem damaligen Mann, dem Vater
meiner Kinder zu trennen. Eigentlich war es eine gemeinsame
Entscheidung, denn wir sind damals erst an die Öffentlichkeit ge-
treten, als wir so gut wie alles untereinander geklärt hatten. Allem
voran, wie wir uns die Betreuung der Kinder aufteilen, denn das
war das Allerwichtigste und funktioniert bis heute weitaus besser
als bei vielen anderen Ex-Paaren.

Diese Veränderung zu meistern, war eine Kombination aus Zäh-
nen zusammenbeißen, Faust in der Tasche machen, aber vor allem durchhalten.
Leicht war es nicht, zudem kam kurz danach noch die C - Krise
hinzu und sämtliche Beziehungspunkte und Anlaufstellen für das
soziale Miteinander brachen zusammen. Ich rettete mich in die di-
gitale Welt, um nicht komplett zu vereinsamen, und dort lernte ich
viele neue Dinge und auch Menschen kennen. Es entstanden
Freundschaften und ich lernte Dinge, die mir heute das Leben erleichtern.

Gemeistert habe ich es schlussendlich mit Geduld, "learning by
doing", und daher ist es mir so wichtig, Frauen, die sich in ähnlichen Lagen befinden, dabei zu unterstützen, wieder ein leichtes,
lebenswertes Leben zu leben, ohne schlechtes Gewissen. Sie
müssen diesen Weg nicht allein gehen, vorausgesetzt sie nehmen
Unterstützung an, denn am Ende entscheiden wir selbst wohin die
Reise führt und wie wir sie gestalten, denn oft ist das größte Hindernis dabei, dass man sich dieses wundervolle Leben selbst nicht

erlaubt, bevor nicht erst alle anderen vorher dran waren,doch dann ist es oft schon zu spät, denn wir können es eben NIE allen recht machen.

Verena Böer | Hüterin des Herzens

Meine eigene Reise, um mich selbst neu zu entdecken, begann im Jahr 2012. Nach meiner 15-jährigen Tätigkeit als Tierheilpraktikerin hat ein neuer Zyklus der Transformation begonnen. Ich habe die Ausbildung zur Human-Heilpraktikerin für Psychotherapie sowie zur Systemischen & Hypnosetherapeutin absolviert und schließlich meine eigene Praxis eröffnet. Dies ist mehr als 10 Jahre her, in welchen ich noch zahlreiche Aus- und Weiterbildungen, auch zum Human Design Coach, abgelegt habe.

Mein Herz hat allerdings erst mit der schamanischen Ausbildung seinen Frieden gefunden. Mir wurde die Wichtigkeit der Verbindung zu den natürlichen Rhythmen und Mondzyklen in unserem Alltag sehr bewusst. Sie geben uns Halt, Stabilität und wieder ein starkes Körperbewusstsein, welches wir sowohl für unsere Intuition als auch für unser Wohlfühlgewicht benötigen.

Ich war selbst im Teufelskreis von Selbstzweifeln, den hohen Ansprüchen an mich selbst und dem Kampf mit meinem Körper gefangen und weiß, wie du dich vielleicht gerade fühlst. Aus diesem Grund liegt es mir sehr am Herzen, Menschen die Abkürzung aus diesem Dilemma zu zeigen und sie zu motivieren, sich auf die eigene Veränderungsreise zu ihrem wirklichen Sein zu begeben. Denn wir sind die wichtigste Person in unserem Leben und es ist

Zeit, uns für Selbstmitgefühl & -vertrauen, Leichtigkeit und ein starkes Körperbewusstsein zu öffnen.

Aus all den eigenen Erfahrungen und denen meiner über tausend KundInnen habe ich das ganzheitliche HEART-System entwickelt sowie das Buch "Der Teufel und die Schokoladentorte - Essen für die Seele" geschrieben.

Dein Geschenk

Onlinekurs „Unendliche Weiblichkeit"

https://hearttherapie.com/heart-therapie-der-kurs-zum-buch-online/

Gutschein-Code: CHANCE30

Dein Kontakt zu mir

Webseite:
https://hearttherapie.com

Facebook:
https://www.facebook.com/hueterin.des.herzens.de

Instagram:
https://www.instagram.com/hueterin_des_herzens/

LinkedIn:
https://www.linkedin.com/in/verena-b%C3%B6er-2b184b194/

Verena Böer: "Veränderung ist Magie"

Was bedeutet Veränderung für dich persönlich?

Für mich persönlich gehören stetige Veränderungen zum Leben. Wir sehen es deutlich an der Natur. Jede Jahreszeit hat ihren eigenen Prozess und das Vertrauen, dass es stetig weitergeht. Hier können wir Menschen uns orientieren und eine Menge lernen!

Die Erfahrung zeigt allerdings, dass Veränderungen meist nicht erwünscht sind und auch oft erstmal Angst machen. Wir haben es uns in unserer Komfortzone sehr bequem gemacht, obwohl diese in der Regel sehr unkomfortabel, aber äußerst vertraut ist. Daher zögern wir Veränderungen lange hinaus und warten meist ab, bis uns die Lebensumstände regelrecht zwingen, einen neuen Pfad zu betreten. Dieser ist noch unbekannt, anstrengend und er erfordert neue Abläufe und Verhaltensweisen, die uns herausfordern. Doch genau diese Prozesse, auch durch die Angst zu gehen, lassen uns wachsen, stärker werden und geben uns die Möglichkeit, uns selbst völlig neu zu entdecken.

Für mich sind Veränderungen neue Abenteuer, auf die ich mich einlassen darf, um innerlich zu wachsen und noch bewusster zu werden. Das bedeutet auch, dass ich mich von alten Mustern, Glaubenssätzen und Gewohnheiten verabschiede, mich neu ausprobiere und dadurch schlummernde Talente und Möglichkeiten in mir entdecke.

Veränderung ist eine transformierende Kraft, die uns die Chance gibt, ganz neue Türen zu öffnen!

Was sind deine drei besten Strategien zum Thema Veränderung?

Heute verrate ich meine drei bewährten Strategien, um Veränderungen als Chance für ein authentisches Leben voller neuer Möglichkeiten, Lebendigkeit und Erfüllung zu nutzen.

Meine drei Strategien bauen aufeinander auf.

Strategie #1: Die Standortanalyse

Hier verschaffe ich mir einen Überblick über meine momentane Situation mit der aktuell größten Herausforderung.

Diese kann im persönlichen, beruflichen oder privaten Bereich liegen.

- Wo stehe ich gerade in meinem Leben?
- Wie geht es mir momentan persönlich / beruflich / finanziell?
- Was sind meine derzeitigen Herausforderungen?
- Was sind meine Ziele / Wünsche / Visionen?
- Welche Meilensteine oder Etappenziele kann ich festlegen?
- Was sind jetzt die ersten Schritte, um in die Veränderung und Umsetzung zu kommen?

Durch die bewusste Auseinandersetzung mit diesen Fragen und der schriftlichen Beantwortung, kann die Herausforderung mehr Gestalt annehmen und ist dadurch besser greifbar. Besonders die Beschäftigung mit den eigenen Wünschen und Zielen ist ein wesentlicher und wichtiger Bestandteil.

Ich stelle meinen KlientInnen immer die "Feen-Frage", welche wie folgt lautet:

"Wenn heute die Fee kommt und dir alle deine Wünsche erfüllt, was sagst du ihr?" "Welche Wünsche darf sie dir sofort erfüllen?"

Zu 90 Prozent herrscht dann erstmal großes Schweigen, gefolgt von einem Seufzer. Viele Menschen wissen nämlich nicht, was sie wollen und was sie wirklich glücklich machen würde. Und das gilt es herauszufinden, indem ich mich mit mir selbst auseinandersetze und erinnere, was mir vielleicht schon als Kind Freude gemacht hat. Der Verstand darf hierbei gerne vor der Türe warten und eine Pause machen. Es geht nicht um Leistung, Funktionieren und die Erwartungen Anderer zu erfüllen, sondern darum, das eigene Herz wieder zum Hüpfen zu bringen und der Freude im Leben zu folgen.

Also, welche Wünsche darf die Fee dir erfüllen? Schreibe sie gleich auf!

Strategie #2: Wer bin ich wirklich?

Um meinen wahren Wünschen und Zielen bewusster zu werden, dürfen wir uns intensiv mit uns selbst beschäftigen. Für mich bedeutet das: Ich nehme Kontakt zu mir und meinem Körper auf, indem ich mir regelmäßig Zeit der Stille nehme. Das kann draußen in der Natur sein oder daheim auf der Couch. Vielleicht macht dir der Gedanke daran schon ein mulmiges Gefühl oder löst sogar eine gewisse Angst in dir aus, da du mit deinen inneren Geistern und deiner inneren Stimme nicht in Kontakt kommen möchtest. Durch diverse Medien und/oder unseren Perfektionismus lenken wir uns (unbewusst) ab, um augenscheinlich nie Zeit für Ruhe und Stille zu haben. Aber ist das wirklich wahr?

Meistens flüchten wir vor uns selbst und hoffen, nie eine leere To-Do-Liste vorzufinden. Ich kann dich beruhigen! Solange du dich nicht bewusst auf den Weg machst, um herauszufinden, wer du wirklich bist, wirst du immer (unbewusst) dafür sorgen, dass du keine Zeit hast.

Du bist bereit für die Reise zu deinem wirklichen Sein? Hervorragend! Jetzt kannst du die Eigenverantwortung übernehmen und beginnen, für deine Bedürfnisse einzustehen. Wie das geht? Beginne mit einem lauten **STOPP**!

Erlaube dir, dich zurückzuziehen, um in der Stille einfach zu sein und zu atmen. Über den Atem verbindest du dich im Hier und Jetzt mit dir und deinem Körper - mehr braucht es für den Anfang nicht.

Klappt das mit der Zeit immer besser, dann beginne dich dabei zu beobachten und wahrzunehmen, wie es dir mit dir selbst geht. Welche Gedanken, Emotionen und Gefühle entstehen dabei in dir? Notiere dir diese Erfahrungen, ohne sie zu bewerten.

- Was denkst du über dich?
- Wie redest du mit dir und über dich?
- Was magst du an dir und was nicht?
- Wie wertschätzend gehst du mit deinem Körper um?
- Vertraust du deinem Bauchgefühl, deiner Intuition?

Vielleicht kommuniziert deine Seele auch durch eine körperliche Erkrankung mit dir. Ganz typisch ist bei Frauen der regelmäßige Migräneanfall. Dadurch verschafft sich die Frau (unbewusst) eine Auszeit, die von ihrem Umfeld weitestgehend anerkannt wird. Aber wäre es nicht schön, wenn sie bewusst und selbstbestimmt sagen könnte: "Ich nehme mir jetzt Zeit für mich und gönne mir eine Pause".

Eine absolut faszinierende Möglichkeit, um mehr über sich zu erfahren, ist das Human Design System. Die genauen Geburtsdaten (Tag, Zeit, Ort) verraten, aus welchem Holz man geschnitzt ist, welche Talente, Fähigkeiten und Potenziale in einem angelegt sind und welche Lebensaufgabe mitgebracht wurde. Auch der Blick auf den eigenen Energietyp ist sehr erkenntnisreich, denn hier gibt es große Unterschiede.

Vielleicht vergleichst du dich mit einer Kollegin, die nach einem langen Arbeitstag noch zum Sport und danach zum Feiern geht, während du kaum die Arbeitszeit überstehst. Du fragst dich wahrscheinlich, was mit dir nicht stimmt, dass du nicht mithalten kannst. Und hier könnte bereits die Erklärung sein, dass du ein sogenannter "Nicht-Energietyp" bist und mit einem völlig anderen Akku ausgestattet wurdest.

Durch dieses Wissen kannst du für dich erkennen, dass mit dir alles "stimmt" und du aufhören kannst, dich ständig zu vergleichen und falsch zu fühlen.

Strategie #3: Komm in die Umsetzung!

Vielleicht kennst du das auch: Du hast bereits einige Aus- & Weiterbildungen gemacht und/oder ein persönliches Seminar besucht und bist danach voller Tatendrang. Doch bereits wenige Tage danach ist der Zauber dieser Seminar-Euphorie verflogen. Dein Alltag hat dich wieder voll im Griff und deine Selbstzweifel haben dir glaubwürdig zugeflüstert, dass dein Können und Wissen noch nicht ausreichen, um dein Leben zu verändern oder dich mit deinem Business selbstständig zu machen.

Das Ergebnis: Alles bleibt, wie es ist - außer deiner Unzufriedenheit, die wird größer!

Mach dir **BITTE** bewusst, was du in deinem Leben schon alles gelernt, geschafft und erreicht hast! Und jetzt klopfe dir mal kräftig mit beiden Händen auf deine Schultern. Du brauchst nicht noch mehr Seminare besuchen, die dir deinen Verstand füttern. Es geht jetzt um die Umsetzung und das aktive **TUN**.

Halten dich hier eventuell auch noch negative Glaubenssätze zurück? Überprüfe dein Mindset und programmiere es jetzt auf **POSITIV** um.

Bei welchen der folgenden Fragen erkennst du dich:

- "Arbeit/Beziehungen sind anstrengend und rauben viel Energie!"
- "Nur wer hart arbeitet, kommt zu was!"
- "Das schaffe ich eh nicht, dafür bin ich zu ..."
- "Wenn ich die nächste Fortbildung gemacht habe, dann..."

Bist du bereit, dieses alte Denkmuster - dein altes ICH aufzugeben und dein wirkliches Sein zu leben? Perfekt!

Nutze diese Fragen, um dein Mindset zukünftig mit positiven Worten zu stärken:

- Was, wenn es ganz leicht geht und dabei Spaß macht?
- Wie viel mehr ist mit Leichtigkeit möglich?
- Warum werde ich jeden Tag selbstbewusster und fröhlicher?
- Warum vertraue ich meiner Intuition mehr und mehr?

JA, es darf leicht gehen, es darf Spaß machen!

Damit du täglich aktiv in die Umsetzung kommst, trage dir deine Termine fest in den Kalender ein und behandle sie wie einen externen Termin. Mache dir eine Wochenübersicht deiner Umsetzungsschritte und erledige täglich eine realistische Aufgabe. So kommst du kontinuierlich weiter und hast nicht das Gefühl der Überforderung.

Der für mich wichtigste Punkt ist: Geduld mit sich zu haben! Jede Veränderung ist ein Prozess, der nicht über Nacht und auch nicht in vier Wochen erledigt ist.

Erinnere dich gerne an die Zeit zurück, als du das Laufen gelernt hast. War es damals eine Option für dich, nach wenigen Tagen das Handtuch zu schmeißen und aufzugeben? Nein, denn damals hat dir dein Verstand noch nicht weiß machen können, dass du es halt nicht kannst.

Was setzt du heute bereits aktiv um?

Denn: *"In einem Jahr wirst du dir wünschen, du hättest HEUTE angefangen"*. - Karen Lamb

Was war deine größte Veränderung und wie hast du sie gemeistert?

Auch mein Leben ist eine ständige Transformation. Man könnte sagen, mein Lebensmotto heißt: „Veränderungen und Herausforderungen." Da fällt es mir fast schwer, die Größte zu benennen, denn jeder neue Abschnitt hat mich von vorne beginnen lassen - allerdings auf einer anderen Ebene!

Trotzdem war es wohl der Schritt von der Festanstellung in die Selbstständigkeit. Ich war Anfang 20 und hatte einen ordentlichen kaufmännischen Beruf, in dem ich allerdings unglücklich war, was mir +10 kg Körpergewicht beschert hat, welche mich noch unzufriedener gemacht haben. Doch eines Tages kam der Moment, es war wirklich eine Eingebung, wo mir klar war, dass ich mich in einem völlig anderen Beruf ausbilden lassen und mich anschließend damit selbstständig mache.

Mein gesamtes Umfeld hat die Hände über dem Kopf zusammengeschlagen und mich für völlig verrückt erklärt, da mein Berufswunsch vor 25 Jahren noch absolut unbekannt war und keiner daran geglaubt hat, dass es dafür einen Markt gibt.

Es hat sehr viel Mut erfordert, diesen Weg zu gehen und die Sicherheiten aufzugeben, aber ich habe es so intensiv gefühlt, dass das mein Weg ist! Zumindest für die nächsten 10 Jahre, denn dann kam die nächste Veränderung, die nächste Transformation. Mein persönliches inneres Wachstum hat ein neues Arbeitsgebiet auf den Plan gerufen und wieder habe ich von Null begonnen.

Weitere 10 Jahre sind vergangen und ich folge weiter meiner Intuition, höre auf meine Seele und bin überglücklich in meiner nächsten Lebensaufgabe - als schamanische Mentorin für wirkliches Sein.

Diese (persönlichen, privaten oder beruflichen) Herausforderungen zu meistern und dabei glücklich und erfolgreich zu werden, ist in meinen Augen nur möglich, wenn ich bereit bin, mich meinen Schattenthemen zu stellen, meiner Intuition zu vertrauen und für meine wahren Herzens-Ziele und Visionen loszugehen.

Natascha Bolten

ist Wienerin, Jahrgang 1974, aufgewachsen nahe Düsseldorf und heutiger Lebensmittelpunkt ist mit wunderbarem peruanischem Ehemann, Herzenswunsch-Kind und schwarzer Katze in Hürth bei Köln.

Beruflich war ich über 20 Jahre glücklich und erfolgreich in der Werbeartikelbranche zu Hause.

Mit der Geburt meiner Tochter tauchten immer konkreter die Gedanken über meine eigenen Wurzeln auf. Meinen leiblichen Vater lernte ich nie kennen und dieses Thema zieht sich auch mütterlicherseits durch die Generationen. Diesen Schmerz und diese Trauer wollte ich nicht mehr leben. Und auch nicht an meine Tochter weitergeben. Zeit für mich, **STOPP** zu sagen.

Die Reise zu meinen eigenen Themen und in der Folge dann auch Coaching-Ausbildungen (Systemischer Management Coach, Gesundheitscoach und Quantenheilung) bereiteten mir den Weg zu meiner heutigen Arbeit, die ich mit Herz und Seele lebe - dem Bewusstseinscoaching fürs SEHEN ♥ SPÜREN ♥ VERÄNDERN

Und das ist das Besondere in meiner Arbeit:
Ich kombiniere die „energetische Methode der Quantenheilung"
mit der "systemischen Aufstellungsarbeit mit Figuren".
Durch die Aufstellung werden dein Thema und auch die Stolpersteine ganz klar SICHTBAR. Dann lösen wir die energetischen
Verstrickungen mit der Quantenheilung. Die VERÄNDERUNG ist
nun deutlich erkennbar...und SPÜRBAR. Denn Veränderung ist
eben DIE Chance, Neues zu entdecken.

Ich freue mich sehr, auch bei dem großartigen Buchprojekt „Veränderung ist die Chance" dabei zu sein.
Denn in diesem Buch vereinen sich nicht nur Menschen mit ihren
spannenden Beiträgen, sondern es ist auch für mich persönlich
ein guter Moment, mich mit meinen eigenen Veränderungen der
letzten Monate zu beschäftigen.

Das Leben ist für mich eine Veränderung. Und Veränderung ist
gleichzeitig DIE Chance, Neues zu entdecken und zu erfahren.
Ganz konkret so auch bei mir.
Doch dazu später mehr.

Dein Geschenk

Anleitung "Kohärentes Atmen" - zum Downloaden

Dein Kontakt zu mir

Webseite:
www.gesundheitscoaching-koeln

Facebook:
https://www.facebook.com/natascha.bolten/

LinkedIn:
https://www.linkedin.com/in/natascha-bolten/

Instagram:
https://www.instagram.com/natascha_bolten/

Natascha Bolten: "Veränderung ist DIE Chance, Neues zu entdecken"

Was bedeutet Veränderung für dich persönlich?

Veränderung bedeutet, sich immer wieder neu entscheiden zu können. Vor allem, sich die Erlaubnis zu geben, immer wieder eine neue Entscheidung zu treffen.
In jedem Moment deines Lebens. Unabhängig vom Außen oder gängigen Normen.
Jeder Mensch kennt sicher Sätze wie „Was du angefangen hast, musst du zu Ende bringen." Oder „Sei nicht so sprunghaft und bleib bei der einen Sache."
Warum? Das Leben bietet jeden Tag eine neue Chance. Und zwar die Chance zur Veränderung.

Es beginnt beim Aufstehen. Beginnst du deinen Tag verschlafen und schlecht gelaunt oder entscheidest du dich für eine positive Energie und setzt darauf deinen Fokus? Entscheidest du dich für ein gesundes Frühstück oder setzt du auf süße Kalorienbomben? Haderst du dein Leben lang mit dem ungeliebten Job oder besinnst du dich darauf, dass du gerade bewusst nur dieses eine Leben hast und dich jeden Tag verändern kannst?

Veränderung bedeutet auch, wach und neugierig zu bleiben. Wie ein Kind auszuprobieren, zu spielen. Es hält Körper und Geist fit, Neues auszuprobieren. Neue Nervenverbindungen werden geknüpft und der Spaß am Leben kommt nicht zu kurz. Und vor allem, Veränderung bedeutet, aktiv zu werden. Der erste Schritt muss getan werden. Dabei geht es nicht immer um ein riesengroßes Projekt oder Ziel. Was auch immer du verändern möchtest, du musst anfangen.

Daher bedeutet Veränderung auch, Verantwortung für dich zu übernehmen.

DEIN LEBEN - DEINE VERANTWORTUNG.

Abgesehen davon liebt es unser Körper, wenn er die Möglichkeit hat, auf neue ungewohnte Reize zu reagieren. Hitze/Kälte, Essen/Fasten, Pause/Aktivität usw.

Das ist es, was den Körper fit und agil hält. Was ihn widerstandsfähig und resilient macht - die Veränderung.

Und wenn du Tag für Tag gleich lebst, ohne eben körperliche oder auch geistige Reize, verkümmert ein Stück weit dein System.

Also nimm Veränderung als etwas Positives, sogar Gesundheitsförderndes an.

In unserer Gesellschaft wird Veränderung oft als etwas „Gefährliches" und „Angstmachendes" gesehen. Verrückt, oder?

Daher könnte deine erste Aufgabe sein, dich mit deiner Sichtweise zur Veränderung zu beschäftigen. Bereitet dir der Gedanke ein unangenehmes Gefühl oder spürst du Energie dabei? Allein das Auseinandersetzen damit eröffnet dir eine neue Perspektive. Und eine Veränderung geschieht ganz von allein.

Was sind deine drei besten Strategien zum Thema Veränderung?

Es gibt ein schönes Buch von James Clear: „Die 1% Methode". Die Essenz ist, wenn du etwas verändern möchtest, habe nicht nur das große (manchmal für den ersten Schritt zu große) Ziel vor Augen.

Beginne mit kleinen Schritten, mit kleinen Veränderungen. In seinem Buch verwendet er ein Beispiel eines Flugzeuges. Wenn der Pilot nur um winzige 3,5 Grad von der Flugroute abkommt, landet er statt z.B. in New York in Washington.
Stell dir vor, wo du landen könntest, wenn du nur 1% deines unliebsamen Verhaltens verändern würdest. Wenn du vielleicht alle paar Monate, wenn die VERÄNDERUNG zur GEWOHNHEIT geworden ist, wieder um 1% nachjustierst?

Denn schließlich haben wir alle so begonnen. Neugeboren war unser Können recht begrenzt und doch hast du jeden Tag dazugelernt und dich verändert.
Heute ist die Geschwindigkeit der Veränderung zwar nicht mehr so hoch, doch die Möglichkeit dazu besteht jeden Tag aufs Neue.

Der Haken ist dabei jedoch manchmal, es gibt diese kleinen, gemeinen Stimmen im Kopf, die dir sagen, „nee, lass es doch so wie es ist", „das schaffst du sowieso nicht", „woher soll ich die Zeit nehmen"?
Wenn diese inneren Stimmen und manchmal auch die von außen zu laut sind und du keine Idee hast, wie du sie zur Ruhe bringen kannst, dann habe ich mit meiner Arbeit eine wunderbar effektive und zugleich sanfte Möglichkeit für dich.

Denn wie eingangs erwähnt, kombiniere ich die systemische Aufstellungsarbeit mit Figuren mit der energetischen Methode der Quantenheilung.

Wenn also diese Hindernisse, die Blockaden gerade einfach zu hoch sind, dann ist die Aufstellungsarbeit ganz spannend, um sich wahrhaftig ANZUSEHEN, woher diese denn kommen.

Wo hast du gelernt, dass es eben schwer sein muss. Wo hat dir das Vertrauen zum ersten Mal gefehlt, in dich und deine Fähigkeiten? Wie viel Unterstützung hast du in deinem Leben erfahren oder eben auch nicht? Ganz oft liegen diese Dinge in unserer Kindheit versteckt.
Und dabei ist es mir stets sehr wichtig klarzustellen, dass es nicht um Schuld geht.
Nach dem Motto, deine Eltern, Geschwister, Lehrer etc. sind schuld daran, dass ich so und so handele. Denn in den meisten Fällen haben sie so gehandelt, wie sie es wiederum gelernt und erfahren haben. Ok, aber zurück zu dir.

In der Aufstellung zeigt sich das Beziehungsgeflecht - meist eben innerhalb der Familie mit den dazugehörigen Personen - und du kannst manchmal verdrängte oder lange nicht mehr beachtete Situationen ANSEHEN und SPÜREN, welche Gefühle oder Gedanken, oft Sätze oder Bilder sich zeigen.
Allein dieses Ansehen erzeugt oft schon die erste Veränderung, da du dir bis dahin gar nicht der Zusammenhänge bewusst warst. Und wenn es dir nicht bewusst ist, dann ist es schwierig, etwas zu verändern.

Wenn wir nun gemeinsam herausgefunden haben und gesehen haben, wo die Ursache liegt, dann löse ich mit der Quantenheilung die Verstrickungen auf energetischer Ebene. Die Quantenheilung ist eine Art aktive Meditation, mit der über das höhere Bewusstsein

ein positiver Einfluss auf das Erleben des Menschen genommen werden kann. So findet die Veränderung auf drei Ebenen statt, dem **Denken**, dem **Fühlen** und der **Körperebene**.

Und auch hier ist die **VERÄNDERUNG** wieder **SPÜRBAR**.

Meist stellt sich eine Entspannung ein, eine Leichtigkeit, auch Freude kann wieder empfunden werden. Die Schwere löst sich auch dem Thema. Neue Blickwinkel werden eröffnet und die Wahrnehmung **VERÄNDERT** sich.

Wenn du also diese Wahrnehmung einmal gespürt und erlebt hast, wenn du es geschafft hast, vielleicht auch nur 1% zu verändern, dann feiere dich dafür. Feiere deinen Mut, deine Energie und sei stolz auf dich. Richte deine Aufmerksamkeit auf das, was du bereits erreicht hast und nicht auf das, was du vielleicht noch nicht umgesetzt hast. Und am nächsten Tag änderst du vielleicht wieder 1%. Wo würdest du landen? Es wird dich motivieren und dir die nötige Energie geben, die es braucht (tatsächlich auch wirklich körperlich braucht, denn das Gehirn muss eine Menge Energie aufbringen, um Neues zu tun).

Das ist auch ein Grund, warum es uns oft schwerfällt, uns zu verändern. Der Körper ist grundsätzlich auf Energiesparen ausgerichtet, evolutionstechnisch gesehen. Unsere Vorfahren waren von Natur aus Hunger, Kälte und Gefahr ausgesetzt. Da war es wichtig, mit seiner Energie sparsam umzugehen. Glücklicherweise finden wir in unserem Lebensraum deutlich bessere Bedingungen und so ist das Energiesparen nicht mehr lebensnotwendig.

Was war deine größte Veränderung und wie hast du sie gemeistert?

Zum Schluss möchte ich dir noch von meinen eigenen großen Veränderungen erzählen. Ein erster bedeutender Schritt für mich war, als ich vor fast 15 Jahren losgegangen bin und meine eigenen Themen, die mich beschäftigt haben, bearbeitet habe. Das hatte bei mir viel mit Trauer zu tun, damit nicht gewollt zu sein, aus meiner Familiengeschichte heraus.

Mit sehr viel Schwere, die ich immer gespürt habe. Irgendwann habe ich dann für mich entschieden, dass ich das nicht mehr will. Ich wusste, dass das, was ich gespürt habe in meiner Familiengeschichte, bei meiner Mutter und Großmutter verankert war und dass ich das nicht mehr so fühlen wollte. Ich wollte diesen Schmerz nicht mehr aushalten und habe mich auf den Weg gemacht, mir Unterstützung bei Coaches und einer Geistheilerin gesucht.

Es war oft kein leichter Weg und doch hatte ich immer das Vertrauen und die Gewissheit in mir, dass sich diese **VERÄNDERUNG** so sehr lohnt und mir Frieden und Balance zurückgibt.
Je mehr ich über mich selbst lernte, erfuhr und veränderte, desto stärker wurde mein Wunsch, dieses Wissen weiterzugeben. Ich absolvierte die anfangs genannten Ausbildungen und verabschiedete mich aus meinem ersten beruflichen Leben. Ein kompletter Neustart - eine riesige Veränderung war entstanden.

Seit ich diesen Weg gewählt habe, ist Veränderung wie ein Wegbegleiter geworden. Veränderung in meinem Bewusstsein, in meiner Wahrnehmung und auch eine Veränderung in meiner Arbeit sind entstanden.

Denn dieses neue Bewusstsein machte mir klar, dass das Bewusstsein immer am Anfang steht und dann erst die Veränderung erfolgen kann. Du musst dir klar und bewusst sein, was du möchtest. Erst dann kannst du die notwendigen Schritte gehen. Und wieder habe ich mich neu ausgerichtet, um dich zu begleiten, dir deiner Themen, Hürden und Stolpersteine bewusst zu werden und sie zu **SEHEN** ♥ **SPÜREN** ♥ **VERÄNDERN** zu können.

Silvia Brenkewitz

Veränderung ist für mich ein spannendes Thema. Veränderung hat mit meiner Tätigkeit als „Mentorin für Befreites und Authentisches SEIN" zu tun. Es geht im Wesentlichen darum, dass ich Menschen dabei unterstütze, ihren eigenen Weg zu finden, diesen ureigenen Weg, mit dem wir geboren worden sind. Wir verfügen jedoch oft nicht über das Bewusstsein, dass wir mit diesem Weg geboren sind, sondern wir bekommen von klein auf Modelle angeboten. Wege, die wir dann gehen können in unserem Leben.

Das geht bis zum Beruflichen, welche Schule ich besuche, welche Berufsausbildung habe ich, welchen Werdegang, welchen Karriereweg gehe ich? Wir wachsen auf und lernen ganz viele gesellschaftliche Dinge, die wir tun und die wir unterlassen sollen. Das ist alles in unserem Erziehungspaket enthalten und unser eigener Weg, wer wir sind, was wir möchten, was unsere Träume sind, das geht alles im Laufe der Zeit immer mehr und mehr verloren. Ich brenne dafür, Menschen zu unterstützen, das alles wiederzufinden. Wenn wir ein Leben führen, indem wir unseren Wünschen folgen, dann macht uns das froh, es macht uns glücklich und frei. Es befreit uns von ganz vielen Dingen und nimmt Ballast von uns. Es geht darum, den Weg freizumachen und damit ist viel Veränderung verbunden, Veränderung hin zu mir selbst.

Dein Geschenk

https://www.silviabrenkewitz.de/dein-geschenk/

Dein Kontakt zu mir

Website:
https://www.silviabrenkewitz.de/

Facebook:
https://www.facebook.com/silvia.b2301/

LinkedIn:
https://www.linkedin.com/in/silvia-brenkewitz-354aa822b/

Instagram:
https://www.instagram.com/authentisch_und_frei/

Silvia Brenkewitz: „Veränderung darf Angst machen"

Was bedeutet Veränderung für dich persönlich?

Über das Persönliche hinaus ist das Leben hier auf der Erde eine ständige Veränderung. Es gibt keinen Stillstand. Hier ist ständig Wandel, alles kommt und geht, gedeiht oder stirbt. Wir sind Teil dieses Prozesses und können dem nicht ausweichen.

Es gibt Veränderungen, denen wir gar nicht entkommen können, weil sie auf uns zukommen. Es hilft, sich das bewusst zu machen, so wie es grundsätzlich hilft, sich viele Dinge bewusst zu machen. Wir sind keine passiven Wesen, sondern können aktiv handeln. Wir kommen nicht ohne Veränderungen aus. Das heißt, ich darf schauen, welche Möglichkeiten habe ich, um aktiv mit Veränderungen umzugehen?

Es gibt Veränderungen, die ich mir wünsche, weil etwas in meinem Leben nicht mehr passt. Das kann auch Angst machen, denn wir verlassen das Gewohnte. Das, was ich kenne, möchte ich festhalten, auch wenn es mich mittlerweile unglücklich macht und gar nicht mehr zu mir gehört. Wir entwickeln uns alle weiter und kommen in Situationen, bei denen es nicht mehr passt. Wenn ich die Veränderung annehme, dann fühle ich mich wieder zu Hause, mit dem, was ich tue, mit dem, wo ich bin. Das Neue macht Angst, das kenne ich selbst auch sehr gut. Es ist natürlich, dass etwas Angst macht und ich darf die Angst fühlen. Wir dürfen es akzeptieren, dass es menschlich ist, Angst zu haben.

Manchmal kommen Veränderungen, die wir nicht gewünscht haben, die in unser Leben platzen wie eine Explosion. Es kann sein, dass man eine schlimme Krankheit bekommt oder ein geliebter

Mensch unerwartet stirbt. Auch dann geht es darum, wie kann ich aktiv mit dieser Veränderung umgehen?

Ich bin davon überzeugt, wir alle können das und wir alle können Wege finden. Wir alle können uns immer gute Hilfe holen, auch professionelle Hilfe und so können wir diesen Weg schaffen.

Was sind deine drei besten Strategien zum Thema Veränderung?

Das Wichtigste, also Strategie Nummer 1, ist für mich das Vertrauen. Das habe ich selbst auch erfahren und es gibt mir Kraft. Vertrauen begleitet mich und trägt mich vor allen Dingen und es hilft mir über diese Angst vor dem Neuen und Unbewussten hinweg.

Und dieses tiefe Vertrauen, Vertrauen in mein Schicksal, Vertrauen in mein Leben ist so wichtig. Ich kann mir sagen, mein Leben meint es gut mit mir.

Für mich geht es immer um Entwicklung. Ich darf mir darüber klar sein, dass mein Leben mir gute Dinge geben will, damit ich mich weiterentwickeln kann, dass ich glücklich bin, dass ich froh bin.

Wenn ich an mein Leben und an mein Schicksal glaube und daran, dass es für mich nur Gutes bereithält, dann kann ich Vertrauen aufbauen und Kraft daraus schöpfen. Das heißt, ich vertraue meinem Sein, meinem Leben, ich vertraue meinem Ursprung, meiner Schöpfung. Es ist wichtig, das Leben selbst in eine positive Richtung zu bringen, so dass es sich gut anfühlt. Jeder hat andere Worte, jeder greift auf etwas anderes zurück. Du weißt, welche Worte dir Kraft geben und das spürst du auch. Es sind diese Sätze, die dir Vertrauen in dich selbst geben:

„Ich schaffe das!"

„Ich kann das, mir wird das gelingen!"

„Ich werde das Richtige tun!"

„Ich werde das Richtige sehen!"

„Ich werde die richtige Hilfe bekommen oder in Anspruch nehmen!"

Eine weitere Strategie ist, das Alte mit Dankbarkeit zu verabschieden. Das tue ich, wenn ich am Übergang stehe und das Alte noch da ist und ich hin zum Neuen möchte. Das kann ich auch tun, wenn ich gerade in einer Situation bin, wo es für mich unglaublich eng ist. Es kann sein, dass ich bei der Arbeit nicht mehr zurechtkomme oder ich mich in einer schwierigen und engen Partnerschaft befinde. Dann ist es wichtig, dass ich noch einmal zurückschaue und mir die positiven Dinge noch einmal klarmache. Alles hatte einen Sinn für mein Leben, das hat mich getragen, das hat mich unterstützt, das hat mich Erfahrungen machen lassen, die mich dahin gebracht haben, wo ich heute stehe.

All diese positiven Dinge kann ich anschauen und in die Dankbarkeit und Wertschätzung gehen lassen. Ich kann auch das vermeintlich Negative im Guten verlassen, mich im Frieden und in Erinnerung an das Schöne verabschieden. Das gibt mir ein anderes Gefühl und gibt mir Kraft, wenn ich in einer Veränderungssituation bin.

Die positive Kraft aus der Vergangenheit transformiere ich auf die Zukunft und kann dann schauen, wo ich im Moment stehe, und wo möchte ich hin? Was ist die Veränderung, die ich mir ersehne? Ich kann dann nachspüren, was waren oder sind meine Träume? Was ist mir wichtig? Mal erforschen, wie soll denn die Veränderung sein, die ich mir wünsche? Wie will ich mich fühlen? Vorausschauen, voraus sehnen, das Neue in meine Gegenwart zu ziehen.

Meine dritte Strategie ist das Dranbleiben. Es ist wichtig, dranzubleiben, denn wenn ich nicht dranbleibe, geht es wieder weg. Es kann sich nicht materialisieren, es kann nicht in mein Leben kommen. Oder ich vergesse es ganz einfach wieder und dann lebe ich nochmal ein Stückchen das Alte, was ich nicht mehr will.

Und zwar so lange, bis dann wieder der Leidensdruck groß wird und mich daran erinnert, dass ich eine Veränderung haben wollte. Deshalb ist dieses Dranbleiben so wichtig und deswegen sage ich: „Jeden Tag einen Schritt für das Neue tun." An einem Tag ist es nur ein kleiner Schritt, der mir möglich ist, weil ich so viel zu tun habe. So ist das im Leben, da gehen viele Dinge unter und man muss Prioritäten setzen. An den Tagen, an denen ich sehe, dass ich ganz viel Raum und Zeit habe und mich gerade danach fühle, kann ich einen großen Schritt für meine Zukunft tun. In dieser Zeit kann ich mich intensiv mit dem beschäftigen, was ich mir wünsche und das kontinuierlich.

Was war deine größte Veränderung und wie hast du sie gemeistert?

Ich suche gerne Veränderungen, ich habe gerne Veränderungen, das liegt in meiner Natur, in meinem Wesen. Ich habe in meinem Leben schon früh mit Persönlichkeits-entwicklung begonnen, weil ich spürte, dass das wichtig für mich ist. Mir war immer wichtig zu wachsen, mich zu entwickeln und vor allen Dingen einen Befreiungsweg zu gehen. Das habe ich mitgebracht, das gehört zu meinem ureigenen Weg. Das heißt, ich bin in vielen Sachen schon vorgegangen, die ich heute mit meinen Kundinnen mache. Ich schaue Veränderungen immer positiv entgegen.

Schwierig wurde es in meinem Leben in Bezug auf Veränderungen auf meinem beruflichen Weg. Da musste ich immer wieder große Herausforderungen meistern. Meine erste Ausbildung war Sozialarbeiterin. Dieser Beruf bringt es mit sich, dass man ins Burnout geraten kann. Und das ist mir dreimal passiert. Das waren für mich große Herausforderungen.

Bei der Sozialarbeit ist es so, dass man Klienten zugeteilt bekommt. Man kann sich nicht aussuchen, mit wem man arbeitet, und muss damit zurechtkommen. Das ist anstrengend für beide Seiten, auch für die Menschen, die Hilfe suchen. Denn die müssen auch mit der Person klarkommen, die ihnen zugewiesen wird, ob sie sie mögen oder nicht. Diese schwierige Situation raubt viel Kraft. Man hat ständig mit Problemen zu tun, ist immer wieder mit Konflikten konfrontiert. Die Aufgabe ist, Lösungen zu finden. Das erfordert, dass man sich immer wieder emotional abgrenzt und viel Energie verliert. Einerseits wollte ich in der Sozialarbeit bleiben, andererseits nicht. Das hat mich immer hin und her gezogen und meine Lösung war, dass ich die Sozialarbeit zeitlich begrenzt gemacht und mir nebenberuflich ein neues Standbein aufgebaut habe.

Ich war immer an meiner eigenen Entwicklung interessiert und habe noch zusätzlich Ausbildungen gemacht, so dass ich dann in der Lage war, mir selbstständig eine Praxis aufzubauen. Ich habe eine Ausbildung in der Kinesiologie und im Ayurveda-Bereich. Außerdem noch eine schamanische Ausbildung, sodass ich auch schamanische Reisen und Zeremonien veranstalte.

Dieser neue selbstständige Bereich war für mich eine Entlastung.

Ich möchte mit Menschen arbeiten, aber ich möchte den Menschen helfen, die freiwillig zu mir kommen und mit denen ich gerne arbeite. Ich lebe in Portugal an der Algarve und eine große Herausforderung für mich ist es, hier an der Algarve in Sachen Selbstständigkeit Fuß zu fassen und diese Selbstständigkeit für mich hinzubekommen.

Oft dachte ich: „Oh, ich schaffe das nicht, ich muss jetzt doch wieder ganz in die Sozialarbeit." Das kam immer wieder und war für mich schwierig. Ich war dann auch zwischenzeitlich wieder mehr in der Sozialarbeit und kam von einem Burnout in den anderen. Da musste ich mir überlegen, wie ich mit dieser Situation umgehen sollte.

Ich habe dann für mich die Strategie entwickelt, mich herauszunehmen, wo es geht, Abstand zu nehmen und mir klar zu werden, wo ich etwas verändern kann und wo nicht. Auch klare Grenzen zu setzen, längeren Urlaub zu machen und Freiräume schaffen gehören zu meinen Strategien. Das waren immer wieder Herausforderungen und die waren sehr anstrengend, doch ich habe sie gemeistert.

Veränderung darf Angst machen und trotzdem aktiv damit umzugehen, ist für mich der Schlüssel für ein Leben im Vertrauen.

Gabi und Klaus Brill

sind Mentoren Autoren und Speaker

Wir freuen uns von ganzem Herzen, dass wir an diesem großartigen Projekt teilnehmen dürfen, denn Veränderung ist eine große Chance. Das ist im Grunde eines unserer Lebensmottos. Ich bin Gabi Brill, die Werte-Lotsin, die dich in deine persönliche Brillanz begleitet. Wir schauen im Vorfeld, wo ist dein Standort, wo ist deine Route und wo ist deine Position, damit wir dein Ziel erreichen!

Dann gibt es noch den männlichen Part, Klaus Brill. Wir schauen und das ist eines unserer wirklichen Alleinstellungsmerkmale aus der weiblichen und der männlichen Sicht auf genau diese Dinge, das heißt, wo ist deine Position, wo ist deine Orientierung und wo kann es hingehen? Wie legst du deinen Kurs zu deinem Zielhafen fest? Deshalb sind wir beide die Werte-Lotsen und wir haben diesen Beitrag gemeinsam für dich geschrieben.

Dein Geschenk

14-tägiges Mentoring inklusive zwei Zoom-Calls mit Gabi, Klaus oder beiden im Wert von 1.000 € (100% Rabattcode: andersleben)
https://www.wertemachendasleben.de/veraenderung

Dein Kontakt zu uns

Homepage:
https://wertemachendasleben.de

Facebook:
https://www.facebook.com/brill.gabi
https://www.facebook.com/klausjuergen.brill

Instagram:
https://www.instagram.com/werte_machen_das_leben/
https://www.instagram.com/wertemachendasleben/

Gabi und Klaus Brill: „Veränderung ist das Salz in der Suppe."

Was bedeutet Veränderung für euch persönlich?

Für uns ist Veränderung wie Salz in der Suppe. Nichts ist so konstant wie die Veränderung, nichts ist so konstant wie das Leben, das immer wieder Anpassungen, Veränderungen notwendig macht. Einem großen griechischen Philosophen, Heraklit, wird dieser Satz nachgesagt: „Nichts ist so konstant wie die Veränderung." Und das lebe ich (Klaus), seit ich auf der Welt bin. Du hast ständig Herausforderungen, wo du entscheiden musst, ob du weitermachst, wie gehabt und dir selbst oder anderen weh tust. Oder du sagst: „Ok, da darf ich hinschauen, da darf ich etwas verändern."

Ich (Gabi) möchte den Menschen ein lebendiges Bild vermitteln:

Die Menschen sehnen sich immer nach einer Linie in ihrem Leben. Nur am Lebensende, im Krankenhaus, da will niemand diese Linie auf dem Monitor sehen.

Für werdende Mütter gibt es kein größeres Ereignis als den ersten Ultraschall, das erste Echogramm, wo die Herztöne zu hören sind. Das bedeutet für mich Veränderung und Leben, ein Auf und Ab, wie beim Herzschlag.

Was sind eure drei besten Strategien zum Thema Veränderung?

Der erste Punkt ist klar, ich muss erst mal erkennen, dass eine Veränderung notwendig ist. Ich muss erkennen, dass ich an einer

Stelle angelangt bin, wo es in der jetzigen Form nicht mehr weitergeht. Ich darf mir klarmachen, dass es andere Möglichkeiten gibt und diese in Angriff nehmen. Da ist dieses „in Angriff" nehmen sehr bedeutungsvoll. Das hört sich zwar martialisch an, aber es ist wirklich etwas, was ich tun muss. Ich muss etwas in Bewegung setzen und vielleicht auch gegen Widerstände angehen.

Du spürst in dir sehr genau, wann eine Veränderung ansteht. Du fühlst dich müde. Du fühlst dich genervt, du magst die Tagesabläufe nicht, die in deinem Leben sind. Du weinst viel, du fühlst dich ständig am Ende, an deiner Grenze. Es tauchen immer wieder Fragen auf, wie: „Mein Gott, warum ist mein Leben so schwer? „Wieso haben es andere leichter?" Oder es tauchen Gedanken auf, wie: „War es das jetzt?" Wenn das noch 30 Jahre so weitergeht, das halte ich nicht mehr aus. All das sind Alarmstufen, Signale, dass du dringend eine Veränderung brauchst, und da ist es vollkommen egal, ob beruflich oder im privaten Umfeld. Egal, was gerade ansteht, du wirst immer Signale von deinem Körper, von deinem Herz, manche sagen Bauch und die Dritten sagen Seele, erhalten und es ist wichtig, dass du auf sie hörst.

Veränderung fängt dort an, wo es ganz deutlich erkennbar wird. Ich erinnere mich immer an diesen einen Menschen, der zu mir gesagt hat: „Du Klaus, ich bin jetzt 40 Jahre alt. Ich bin Schulleiter, ich bin am Ende meiner Karriereleiter angelangt." „Ich habe zwei großartige Töchter, habe ein Haus gebaut und eine großartige Frau." "Soll ich jetzt die nächsten 40 - 50 Jahre darauf warten, eingesargt zu werden?" Hier ist eine Situation erreicht, da **MUSS** man ansetzen und eine Veränderung vornehmen.

Jetzt kommt die zweite Strategie ins Spiel:

„Wo willst du hin?"

„Was hast du denn noch vor in deinem Leben?"

„Welchen Sinn hat dein Leben?"

„Welches tiefere Geheimnis steckt hinter deinem Leben und wo ist dein Zielhafen?"

Und wie kommst du dahin? Vielleicht, indem du einfach schaust: "Was ist mir wichtig?" „Welche Werte habe ich, was will ich wirklich?" „Was bedeuten Werte für mich?" Wir haben erfahren dürfen, dass der Wert „Freiheit" noch lange nicht für jeden gleich ist, für dich als Leser, für mich (Gabi) oder für Klaus. Für jeden, den ich jetzt hier aufzähle, hat Freiheit eine andere Definition. Also definiere, was deine Werte sind und schau hin, was dir wirklich wichtig ist.

Die nächste Möglichkeit ist, dass du dir ein ganz einfaches Blatt Papier nimmst und ein Kreuz malst. Dann schreibst du auf der einen Seite alles auf, was du **NICHT** willst. Zudem notierst du, was du unbedingt haben möchtest. Egal, wie bekloppt und verrückt es sich anhört oder ob es eine große Investition ist. Auch, wenn du denkst, das kann ich mir niemals leisten, wie z. B. mit Walen tauchen zu gehen. Schreib es auf, egal, was daraus wird, dann gehe zum nächsten Stepp.

Nun machst du die sogenannte Bucket- oder Löffelliste. Das ist die Liste, wo du aufschreibst, was du noch alles abarbeiten willst, bevor du „den Löffel abgibst". Das ist der Sinn der Löffelliste, da werden Träume aufgeschrieben, Dinge notiert, die zunächst unrealistisch aussehen. Aber nur, wenn du diese Sachen auch aussprichst und wirklich in diese Veränderungsphase, in diesen Veränderungsprozess hinein gehst und dich darauf einlässt, hast du die Chance, etwas wirklich Großes zu tun und etwas zu verändern. Dann kannst du im Anschluss sagen: „Ich hätte gar nicht gedacht, dass das geht." „Super, dass ich es angegangen bin."

Und nun kommen wir zur dritten Strategie. Wenn du dein Ziel hast und weißt, du willst von Rotterdam zu deinem Zielhafen Rio de Janeiro, dann hast du eine Seekarte vor dir. Du hast dann einen Kompass in der Hand und einen Sextanten, um "die Sonne zu schießen", wie der Seemann dazu sagt.

Jetzt legst du deinen Kurs fest, wie du zu deinem Ziel kommst. Es kann dann sein, dass du an irgendeinem Punkt sagst: „Ich weiß gar nicht, wie ich dahin navigieren muss, wie es losgeht." Dann kannst du dir einen Lotsen an Bord nehmen. Frage jemanden, der schon da ist, wo du hinwillst. Vielleicht hast du ein Vorbild oder frage jemanden, den du dafür bezahlst. Frage ihn, nach der kürzesten Route zu deinem Zielhafen. Du kannst das allein machen, dann wirst du unter Umständen keinen Wind in den Segeln haben. Du kannst vielleicht Untiefen nicht erkennen oder du läufst auf eine Sandbank, sitzt dann im Nirgendwo fest und weißt gar nicht warum. Es kann sein, dass du die Reise trotzdem erfolgreich beenden wirst. Sie kann nur unendlich viel länger dauern. Wenn du dir Wegbegleiter, Lotsen oder Menschen suchst, die bereits in Rio de Janeiro waren und diese Route befahren haben, dann kannst du dir Untiefen und Sandbänke ersparen.

Und das Nächste, was ich dir auch von ganzem Herzen rate, ist, auf die fünf Menschen in deinem Leben zu schauen, die dir am nächsten sind. Sind es Unterstützer? Oder sagen sie: „Oh, was willst du in Rio de Janeiro? „Willst du nicht lieber hier in Rotterdam bleiben?" „Du kannst dir doch auch hier die schönsten Blumen ansehen."

Sorge dafür, dass du fünf Menschen in deinem Leben hast, die an deiner Seite sind und dich bedingungslos unterstützen, egal, wie verrückt deine Ideen sind. Sie können dich ruhig zwischendurch fragen, ob du das wirklich willst, ob das gerade clever ist, aber dich letztlich unterstützen.

Was war eure größte Veränderung und wie habt ihr sie gemeistert?

Klaus und ich sind zusammen mittlerweile fast 80 Jahre im Verkauf und Vertrieb tätig, also wissen wir ganz genau, was dort alles möglich ist. Die erste große Veränderung in meinem Leben war, dass ich studieren wollte und mit einem 1,3er-Abi hat man mich nicht genommen. Ich durfte auf die Warteliste. Ein Sabbatjahr war nicht möglich, also bin ich in den Verkauf gegangen.

Und zwar zu Aldi, was mir Riesenspaß machte. Da war ein junges Team, gutes Geld und es war um die Ecke. Dort habe ich meine Erfolgskarriere gestartet. Ich bin im Verkauf so lange tätig geblieben, bis ich die höchste Position in Deutschland als Frau erreicht hatte.

Dann wollte ich ruhigeres Fahrwasser, also noch eine Etage höher. Doch es hieß: „Als Frau niemals!" Meine Reaktion darauf war: „Ok, dann ab heute auch ohne diese Frau." und ich habe alles hingeschmissen. Ich bin in meine zweite Berufung, mein zweites Hobby gegangen und habe als ungelernte Kraft aktiv am Telefon Versicherungen verkauft.

Und ich, Klaus, war ein ganz, ganz schüchterner, zurückhaltender junger Mann, ich habe etwas getan, was im Verborgenen passiert

61

ist, ich habe Informatik studiert. Ich wollte nur vor dem Computer sitzen und nichts groß mit Menschen zu tun haben. Bis ich dann festgestellt habe, dass es gar nicht mein Ding ist, den ganzen Tag in diesen Monitor zu schauen und an der Tastatur zu sitzen.

Dann überwand ich mich, etwas ganz anderes zu machen und absolvierte eine Ausbildung als Versicherungskaufmann in Richtung Außendienst. Ich war ein passionierter Außendienstler, der mit Begeisterung den Menschen geholfen hat, ihre Finanzierungen und Versicherungsgeschäfte so darzustellen, wie es für sie richtig war. Es war für mich immer wichtig, den Bedarf zu klären, um genau zu wissen, was der Kunde braucht. Ich wollte nicht irgendetwas verkaufen, sondern genau auf den Kunden abgestimmt, etwas anbieten können. Das hat mich erfüllt, dabei ist mein Herz aufgegangen. Es war für mich eine große Freude, mit Menschen zusammenzuarbeiten.

Doch dann kam eine ganz, ganz große Veränderung, das war praktisch ein Veränderungszwang. Ich hatte starke Allergien entwickelt, sodass ich irgendwann nur noch zwei Monate im Jahr im Außendienst arbeiten konnte. Das war im November und Dezember, und wenn im Januar die Haselnüsse blühten, war ich krank. Ich war zugeschwollen, habe geniest und gehustet und war kurzatmig. Ich hatte Asthma und die Kunden haben gefragt, ob das ansteckend ist und ich wurde praktisch gezwungen irgendetwas tun. Zum Glück gab es bei uns hier im Saarland die Direktversicherung „Cosmos direkt".

Schweren Herzens habe ich in den Innendienst gewechselt und mir war klar, ab jetzt habe ich nicht mehr so viel Kundenkontakt. Dann kam etwas, das mein Leben komplett verändert hat. Meine Leidenschaft zu verkaufen, mein Wissen über Versicherungen, und meine Freude, mit Menschen zu arbeiten, sie anzuleiten und dort hinzukommen, wo sie hinsollen oder hinwollen, wurde entdeckt. Es gab 24 Frauen, die die Kunden angerufen haben, die das aber mehr „schlecht als recht" gemacht haben. Mein Auftrag war, diese Frauen zum Erfolg zu bringen. Der Coach und Trainer Klaus Brill wurde geboren und seit 1988 mache ich nichts anderes mehr, als Menschen in ihren Erfolg zu bringen.

Ich (Gabi) war, wie Klaus auch in diesem Bereich unterwegs, und habe die Versicherungswelt am Telefon aufgeräumt. Damit war ich sehr erfolgreich. Zwangsläufig sind wir beide uns über den Weg gelaufen, das war vom Universum wohl so vorbestimmt. Seitdem sind wir beide seit über 22 Jahren, 365 Tage im Jahr, 24 Stunden zusammen.

Das heißt, ab der ersten Sekunde haben wir alles gemeinsam gemacht und in den 22 Jahren kann man es an der Hand abzählen, wie lange wir getrennt waren.

Eine große Veränderung in dieser Zeit war, dass wir zusammen aufgrund unserer Erfahrungen ein eigenes Unternehmen, ein eigenes Callcenter aufgebaut haben. Wir hatten insgesamt über 18 wundervolle Mitarbeiterinnen, die wir in diesem Bereich begleitet haben. Mein Part war es, Menschen in den Erfolg zu führen, durch Teambildung, durch Motivation zur Umsatzsteigerung, Klaus war für die Schulung, für die Akquise, für diese ganzen anderen Bereiche zuständig. Dann gab es eine gesetzliche Veränderung, die dazu geführt hat, dass ich angefangen habe, mir viele Sorgen zu machen. Sorgen um die Mädels, die bei uns gearbeitet haben. Ich habe mich gefragt, wie das alles weitergehen soll. Von heute auf morgen lag ich plötzlich im Krankenhaus.

Dort bekam ich dann als ihr Mann die Auskunft: „Wenn wir nicht feststellen können, was die Bauchschmerzen, den so genannten unklaren Bauch, verursacht, dann müssen wir aufmachen und nachschauen." Es war mir klar, dass eine OP notwendig war und als ich Gabi das nächste Mal besuchen wollte, war sie frisch operiert. In dem Zimmer, wo sie noch vor der OP lag, war sie nicht mehr. Dann hieß es: „Frau Sandkühler, damals waren wir noch nicht verheiratet, die liegt auf Intensiv, Herr Brill."

Anschließend bin ich zur Intensivstation und sie lag da. Ich glaube, Gabi hat es bis heute nicht wirklich realisiert. Sie lag da auf Tod und Leben, sie war dem Tod näher als dem Leben. Ich saß an ihrem Bett auf der Intensivstation und habe gebetet, dass es wieder gut wird, dass wir noch ein paar Jahre gemeinsames Leben haben dürfen. Als sie aufgewacht ist, haben wir uns an diesem Bett ein Versprechen gegeben, und zwar: „Wir tun nur noch das, was uns Spaß macht und guttut!"

Sollte irgendetwas in unserem Leben passieren, wo wir merken, da ist ein Hindernis, da ist etwas, was uns schlechtes Gefühl gibt, hören wir sofort damit auf und ändern es. Und das ist der Punkt, wo wir sagen: „Veränderung ist DIE Chance!"

Wir haben dadurch nicht nur rosige Zeiten erlebt. Wir waren auch gelegentlich weit unten. Es war nicht so, dass wir unter der Brücke schlafen mussten, manchmal waren wir allerdings gar nicht so weit davon weg. Wir haben unser Motto jedoch mit aller Konsequenz, egal was passiert, durchgehalten. Wir tun nur das, was uns guttut und was Spaß macht!

Das ist eine Veränderung, oder „die" Veränderung in unserem Leben gewesen, die all das bewirkt hat, was heute da ist. Nämlich dieser immense Zusammenhalt zwischen uns beiden und dieser immense Erfolgswillen, den wir beide haben.

Und vielleicht noch so als kleine Anmerkung, also 24 Stunden mit einer Partnerin über 22 Jahre, das ist schon etwas. Normalerweise kennt man das so für 4–5 Stunden am Tag. Also ich sag' immer, es sind mindestens doppelt so viele, eigentlich dreifach so viele Jahre.

Das ist unsere Geschichte und unsere Sicht zum Thema „Veränderung ist DIE Chance" und wir freuen uns, wenn wir dich als Leser damit berühren können.

Martina Deschner

ist 57 Jahre jung und lebt mit ihrem Mann in der Nähe vom Bodensee. Sie ist seit 2010 als energetische Heilerin, Life- und Business Coach und Expertin für Transformation mit der HerzLichtEnergie unterwegs und zeigt überwiegend Frauen in den besten Jahren, die sich leer, ausgebrannt und fremdgesteuert fühlen, wie sie es schaffen, ein glückliches und erfülltes Leben in Leichtigkeit zu leben.

Auf dem Weg zu ihrem jetzigen SEIN, gab es viele Herausforderungen und Stolpersteine. Sie selbst musste durch viele dunkle und triste Täler hindurch und hatte oft das Gefühl „fehl am Platz" zu sein. Der mangelnde Selbstwert und das Gefühl, nicht angenommen zu sein, zog sich wie ein roter Faden durch ihr Leben.

Es kamen noch einige tiefe Krisen, als ihr 2008 durch persönliche und emotionale Umstände der Zugang zur spirituellen Welt eröffnet wurde und sie zu der Frau wurde, die sie heute ist.

Deine Geschenke

Meine Masterclass "Veränderung ist die Chance"
https://veraenderung-ist-die-chance.de/vorstellung_martina

10% Ermäßigung auf meinen Video-Onlinekurs "Endlich (wieder) glücklich"
https://www.digistore24.com/product/507967
Gutschein-Code: E-Book10Prozent

15-minütiges Gratisgespräch
https://calendly.com/martinadeschner/15min

Dein Kontakt zu mir

Homepage:
https://martinadeschner.com/

Facebook:
https://www.facebook.com/martina.de.1/

Facebook Gruppe:
https://www.facebook.com/groups/herzlichtenergie

Instagram:
https://www.instagram.com/martinadeschnercoaching/

YouTube:
https://www.youtube.com/channel/UConv3SAIyULDjd9R8ktaCfA

Martina Deschner: "Veränderung ist Wachstum und Entwicklung"

Was bedeutet Veränderung für dich persönlich?

Veränderung bedeutet für mich auf jeden Fall Wachstum und Entwicklung. Ich glaube, das sind die zwei wesentlichen Punkte. Denn wir verändern uns ständig, wir wachsen, wir entwickeln uns. Es beginnt schon bei der Zeugung oder wenn man die Natur betrachtet. Da ist ein Samenkorn und im Laufe der Zeit wird es ein riesengroßer Baum. Jede Pflanze, jedes Tier ist jeden Tag in gewisser Hinsicht anders. Bei uns ist es genauso. Die Veränderung ist immer an unserer Seite, manchmal ist sie sehr subtil, sodass man sie nicht bemerkt. Zum Beispiel beim Älterwerden, auch da verändern wir uns ständig. Es sterben täglich Zellen ab, täglich entstehen wieder neue und frische Zellen.

Für mich ist die Entwicklung auch notwendig. Weil wir ja zum Beispiel nicht auf dem Stand bleiben wollen, als wir ein Kind waren. Oft ist es so, dass manche Menschen sich bis zu einem bestimmten Stadium entwickeln. Sie gehen zur Schule, machen ihre Ausbildung oder studieren und landen in ihrem Job. Privat geht die Entwicklung auch weiter. Sie lernen eine/n Partner/in kennen, gründen eine Familie und kommen in der Regel an einen Punkt, an dem sie vermeintlich alles erreicht haben. An diesem Punkt bleiben viele stehen, gehen nicht mehr weiter und vergessen, dass sie sich immer noch weiter entwickeln könnten. Aus eigener Erfahrung weiß ich, dass es in den sogenannten „besten Jahren" so wichtig ist, weiterzugehen und neue Wege zu gehen.

Was sind deine drei besten Strategien zum Thema Veränderung?

Das ist ganz einfach, denn meine drei Strategien entsprechen den drei Ebenen, mit denen ich auch mit meinen Klienten / Klientinnen arbeite. Für mich sind die drei Pfeiler, die immer zusammengehören, die mentale, energetische und spirituelle Ebene.

Auf der mentalen Ebene ist alles, was vom Verstand kommt. Da spielt die Kraft der Gedanken eine große Rolle und das Verständnis, wie Gedanken zum Beispiel auf den Körper wirken und wie Gedanken funktionieren. Wenn man bedenkt, dass wir pro Tag 40.000 bis 60.000 Gedanken denken – was wissenschaftlich bewiesen ist – wird recht schnell klar, dass all diese Gedanken nicht bewusst entstehen können, sondern dass wirklich sehr viele Gedanken aus dem Unterbewusstsein kommen.

Wenn wir verstanden haben, dass so gut wie alles, das uns als Materie umgibt – jeder Tisch, jeder Stuhl, jedes Haus – mit dem Gedanken des „Erfinders" geschaffen wurde, bekommt man meistens eine etwas andere Sichtweise auf die Gedanken.

Was für mich auch immer wieder faszinierend ist, das ist der größte Speicherplatz der Gedanken, unser Unterbewusstsein. Es sammelt fröhlich alles, was wir den ganzen Tag und unser ganzes Leben mit unseren fünf Sinnen aufnehmen, speichert es ab und gibt uns bei Bedarf die passende Lektion wieder raus.

So sind auch alle Glaubensmuster unserer Eltern und von den Menschen gespeichert, die in unserem näheren Umfeld sind. Daraus resultiert, dass Gedanken, die nicht von uns stammen und die nicht förderlich für uns sind, ständig in unserem Kopf kreisen.

Wenn dieses sogenannte Gedankenkarussell in Schwung kommt, sind meistens alte und zum Beispiel von den Eltern übernommene Glaubenssätze damit verbunden, die eine elementare Rolle für unser Leben spielen und uns teilweise stark beeinflussen.

So ist es wichtig zu schauen, was ich für Glaubenssätze habe und woher sie kommen. Sind es meine oder habe ich sie übernommen? Sobald sie identifiziert sind, können sie durch eine einfache Methode gelöst und transformiert werden.

Mein Ziel ist, dass sich das Gedankenkarussell bei meinen Kunden in eine positive Richtung bewegt und man mit überwiegend positiven Gedanken durch den Tag geht. Dabei möchte ich explizit darauf hinweisen, dass ich kein typischer „Positiv-Denker" bin, sondern ich meine wirklich positiv in dem Sinn, dass man sich einfach damit wohlfühlt und so viele Situationen viel leichter nehmen kann.

Da komme ich auch schon zur zweiten Strategie, die energetische Betrachtung. Von der Wissenschaft her wissen wir inzwischen, dass alles aus Energie besteht. Ich sagte immer „alles ist Energie und Energie ist alles!". Auch unsere Gedanken sind Energie, jeder Tisch, jeder Stuhl, jeder PC und auch wir bestehen aus reiner Energie.

Wenn man sich darüber bewusst ist, dass auch Worte Energie sind und aus Frequenzen bestehen, kann man sich gut vorstellen, dass Worte und natürlich Gedanken auf den Körper wirken. Wir können dieses Wissen nutzen, dass alles Energie ist. Denn so haben wir die Möglichkeit, die Energie – die uns nicht gefällt – entsprechend zu verändern, zu wandeln und zu transformieren.

Das mache ich, zum Beispiel mit der HerzLichtEnergie, einer recht einfachen Methode, mit der das Energiefeld von sogenannten „Störungen" genauer gesagt Blockaden befreit werden kann, wenn etwa die Energie nicht mehr richtig fließt. So kann auch mit Leichtigkeit das Energielevel entsprechend erhöht werden, wenn man down ist oder die Energie etwas herunterreguliert, wenn man sehr aufgedreht ist.

Wenn man wissenschaftlich noch ein Stückchen weiter geht und zu den energetischen und physikalischen Gesetzen die Quanten-physik einbezieht, merkt man schnell, dass Quantensprünge mög-lich sind.

Mit der, auf der Quantenphysik basierten Quantenheilung und meiner selbst entwickelten Methode „Matrix-Harmonie" ist es so einfach, unliebsame Glaubenssätze, Disharmonien im Energiefeld und im Körper aufzulösen und zu transformieren. Wobei diese bei-den Einsatzbereiche nur ein geringer Teil der Anwendungsmög-lichkeiten sind. Und das, was mich immer wieder daran begeistert, ist, dass es jeder einfach lernen und für sich und andere anwen-den kann.

Mein dritter Pfeiler ist die spirituelle Sicht. Da geht es bei mir haupt-sächlich darum, sich erst einmal seiner selbst bewusst zu werden. Das bewusste Sein spielt hier eine große Rolle. Oft ist es so, wenn man zum Beispiel im Gedankenkarussell festhängt oder in irgend-welchen verfahrenen Situationen oder Lebenslagen, die nicht gut-tun, es so richtig schwerfällt, sich selbst wahrzunehmen. Hier ist dann die Strategie, die Wahrnehmung zu schärfen. Wie geht es mir denn überhaupt? Wie geht es mir in manchen Situationen? Dabei auf den Körper zu achten und sich bewusst zu sein, dass man immer wieder ins Hier und Jetzt zurück gehen darf. Ich meine dabei „wirklich" zurück, denn meistens schweben wir entweder in der Vergangenheit oder in der Zukunft und sind ganz selten im Hier und Jetzt. Doch gerade dieses Hier und Jetzt ist die dritte Strategie, die man im Prinzip zuerst einsetzt.

Meiner Meinung nach geht es im Leben hauptsächlich darum, sich zu beobachten. Denn nur wenn ich weiß, wie es mir geht, kann ich etwas verändern. Im Hier und Jetzt, stellt man meistens fest, dass die ganzen hinderlichen, äußeren Dinge, wie Gefühle und Emotionen, Sorgen, Ängste in dem jetzigen Moment gar nicht mehr so relevant sind. Das bedeutet, dass, wenn wir im Hier und Jetzt sind, all diese Dinge für den Moment zur Nebensache werden. Das heißt nicht, dass die „Probleme" nicht mehr existieren, sondern einfach in dem Moment nicht mehr so belastend sind. Je mehr wir uns in das Hier und Jetzt hineinversetzen, desto leichter fällt es uns, unser Leben zu meistern.

Was war deine größte Veränderung und wie hast du sie gemeistert?

Das ist eine spannende Geschichte und es ist auch ein Punkt, wo sich mein Leben wirklich komplett gewandelt hat. Es war 2008, vermeintlich hatte ich alles, was man sich so wünschte. Ich war genau in der Situation, von der ich vorher erzählt habe.

Ich war glücklich verheiratet, hatte einen großartigen Freundeskreis, eine schöne Wohnung, eine gute Arbeit, die angemessen bezahlt wurde. Also, ich hätte wirklich glücklich sein können. Aber ich war es nicht. Irgendwie war ich innerlich leer und ich habe tief in mir drinnen gespürt, dass es so nicht weitergehen kann. Es wurde mir immer klarer, dass ich das Leben, um das mich viele beneideten, so nicht bis zum Lebensende führen wollte. Tief in mir kam immer öfter die Frage nach dem Sinn des Lebens und warum ich auf dieser Welt bin.

Es konnte doch nicht sein, dass das Leben nur aus Haushalt, Familie, Arbeit bestand und sonst nichts mehr da ist und auch nichts mehr kommen sollte. Es dauerte auch eine ganze Weile, bis ich eines Tages nicht mehr zu mir sagen konnte: „Na, das hältst du doch locker durch und so schlimm ist es gar nicht". Es war auch anders, als wenn man eine Arbeitsstelle hat, die einem nicht gefällt und man sagt, „okay, bis zur Rente halte ich es durch" – es ging um mein Leben, und zwar bis zum Lebensende.

Nun war ich Anfang 40 und es kann gut sein, dass es die sogenannte Midlife-Crisis war. Für mich spielte es zu dem Zeitpunkt keine Rolle, wie diese Krise genannt wurde. Wichtig war für mich nur, zu erkennen, dass ich etwas in meinem Leben ändern musste, um wieder glücklich werden zu können.

Die leise Stimme in mir, wollte endlich gehört werden, sie wollte, dass ich weiter gehe und nicht stehen bleibe. Sie wollte, dass ich den Grund erfahre, weshalb ich wirklich auf dieser Welt bin.

So kam es, wie es kommen musste. Um ein neues Leben zu beginnen und mein Leben neu zu entdecken, musste ich mich von meinem damaligen Mann trennen. Ich wusste, dass dieser Schritt notwendig war, dennoch kam ich dadurch erneut in eine Krise. Es kamen andere Stimmen in mir und aus meinem Umfeld auf, die meinten: „Das kannst du doch nicht machen." - „So egoistisch kannst du doch gar nicht sein". Dazu kam der innere Zweifel, ob es wirklich richtig ist, wenn ich gehe.

Geplagt von Selbstvorwürfen und innerer Zerrissenheit, entschied ich mich trotzdem für die Trennung. Ich zog zurück in meine alte

Heimat, ohne zu wissen, wie es für mich weitergehen sollte. So ging ich weiterhin meiner Arbeit nach und verbrachte viel Zeit am PC, suchte über das Internet nach neuen Freunden, denn viele der alten Freunde stammten vonseiten meines damaligen Mannes.

Wie es der „Zufall" oder das Schicksal dann wollte, kam ich mit der spirituellen Welt in Berührung. Ich erfuhr, dass es Energiearbeit gibt und mein Gefühl, dass es doch noch mehr zwischen Himmel und Erde geben muss, wurde bestätigt. Ich begann mit verschiedenen Ausbildungen in diesem Bereich und mit jeder neuen Methode, die ich lernte, ging eine weitere Tür auf, wo ich noch mehr erfahren konnte.

Mir wurde immer klarer, weshalb ich auf diese Welt gekommen bin, warum ich wirklich hier bin. Meine innere Stimme wurde sehr viel deutlicher und ich war nun endlich bereit ihr Gehör zu schenken.

Ich bin hier, um mein Wissen in die Welt zu tragen. Ich bin hier, um andere Frauen, die in ähnlicher Situation sind, wie ich damals war, zu unterstützen und ihnen zu zeigen, dass auch für sie ein glückliches und erfülltes Leben in Leichtigkeit möglich ist.

Ute Dungel

Ist die „Frei-Malerin" und begleitet Kinder, Jugendliche und deren Eltern mit Leichtigkeit zu mehr Farbe und Freude in ihrem Leben, damit sie sich selbst und andere besser spüren und mehr lieben. Das ist für sie eine große Berufung und Leidenschaft. Zum Thema Kunst kann sie sagen, dass es bei ihr darum geht, frei zu sein, frei zu malen, intuitiv zu malen, ohne zu bewerten.

Dein Kontakt zu mir

Website:
https://www.utedungel.de/art-academy-anmeldung/

Facebook:
https://www.facebook.com/ute.dungel

Instagram:
https://www.instagram.com/ute.dungel/

LinkedIn:
https://www.linkedin.com/in/ute-dungel-484249222/

Ute Dungel: "Veränderung bedeutet Schöpfer unseres Lebens zu sein"

Was bedeutet Veränderung für dich persönlich?

Für mich bedeutet Veränderung, jeden Tag die Chance zu haben, wirklich der Schöpfer unseres Lebens zu sein, indem wir immer wieder aufstehen und jeden Tag als Chance sehen. Wir haben 24 Stunden, in denen wir zur Arbeit gehen, in die Schule, in den Kindergarten. Wir können diese Zeit für uns nutzen und einfach wieder mehr die Freude am Tun und am „Hier und Jetzt" spüren.

„Veränderung ist eine Chance", wenn wir offen und bereit sind, alte Denk- und Handlungsweisen hinter uns zu lassen. Wenn wir einschlafen und am nächsten Morgen aufwachen, lassen wir immer einen alten Teil von uns zurück. Das klingt jetzt komisch, aber jeden Morgen, wenn ich in den Spiegel schaue, hat eine Veränderung stattgefunden. Ich habe sie nur noch nicht bemerkt! Mein Körper verändert sich, denn die Zellen regenerieren sich jeden Tag. Veränderung ist notwendig, weil sie jeden Tag stattfindet wie die Jahreszeiten. Wir wachsen innerlich und äußerlich. Und das ist das Schöne an der Kunst und an der Veränderung, dass wir immer die Chance haben, der oder die zu werden, die wir sein wollen, und wirklich das Beste aus uns herauszuholen.

Was sind deine drei besten Strategien zum Thema Veränderung?

Bei meiner Arbeit beginne ich mit dem Gespräch. Die Beziehungsebene und eine gute Basis sind mir sehr wichtig. Im Gespräch kann ich heraushören, wo die Bedürfnisse, die Konflikte, die Denk- und Handlungsweisen des anderen liegen. „Wo willst du eigentlich hin, was sind deine Ziele?" Es ist so, wie das Zitat sagt: „Der Weg ist das Ziel", und das gilt auch für das Malen. Beim Malen spüren wir diese Veränderung in uns und so wird sie mit jedem Pinselstrich im Bild sichtbar.

Ich arbeite gerne mit den Caran D'Ache Kreiden, die übermalt werden können. Das bedeutet, dass Lösungen im Bild erlebt werden. Das Bild bekommt dadurch eine schöne Leuchtkraft, sodass durch den Prozess auch ein inneres Leuchten entsteht. Die Kinder sagen dann: „Ich fühle mich so gut und freue mich jedes Mal." Und man sieht wirklich eine sichtbare Veränderung in den Bildern und bei den Kindern. Durch die Kunst und durch die Gespräche wird es möglich, lösungs- und ressourcenorientiert zu handeln. Das gefällt mir so gut und auch das intuitive Malen gefällt mir, weil es offen ist. Es bringt uns zurück zur Intuition und wir lernen, unsere innere Stimme zu hören. Wir können uns wieder mehr mit unserem Gefühl verbinden, um dann auch den Punkt zu spüren, wo die Veränderung stattfindet. Und dann weiß man, dieser Impuls kam hier beim Malen und dann kam die Veränderung.

Das ist das Schöne an der Kunst. Wir spüren mit unseren Händen, durch die Kunst, durch den Ton oder auch durch andere Materialien. Wir erleben unseren Körper durch unsere Sinne neu und können das dann umsetzen. Das, was ich dabei spüre, kommt im Herzen an.

Meistens haben die Kinder und Jugendlichen eher ungelöste Aufgaben, die durch Krisensituationen entstanden sind. Zum Beispiel trennen sich die Eltern oder sie haben Impulskontrollstörungen oder die Kinder kommen in die Pubertät. Das ist mein Steckenpferd, diese Kinder oder Jugendlichen zu begleiten, ihre Ich-Identität zu finden, mit Selbstliebe und Selbstvertrauen die Veränderungen von der Kindheit zum Erwachsenwerden besser zu akzeptieren und sich selbst anzunehmen.

Zuerst wird das ausgesprochen, was da ist. Das heißt, es wird nicht unter den Teppich gekehrt, sondern es wird sichtbar gemacht, sodass es auch wirklich wieder spürbar wird, etwa Wut oder Angst. Daraus wird eine Ressource. Zum Beispiel: „Was zeigt dir deine Angst oder deine Wut?" Das ist nicht nur negativ, sondern es geht darum, wie wir unsere Wut oder Angst in etwas Positives umwandeln können. Angst ist wichtig, um mutig zu sein! Obwohl wir Angst haben, trotzdem die Schritte zu gehen. Sich den Veränderungen zu stellen und ein neues Bild von der Zukunft und von sich selbst zu entwerfen. Das finde ich so schön. Und das kann man mit einem Bild ausprobieren. Mut zeigt sich in Bildern. Das mache ich online oder auch live vor Ort. Die Klienten merken im Alltag, dass sie sich mehr trauen als vorher. Sie hätten nie gedacht, dass sie so mutig sind. Diese Erfolge berichten sie beim nächsten Termin und ich feiere sie mit ihnen.

Was war deine größte Veränderung und wie hast du sie gemeistert?

Ich hatte zwei große Herausforderungen zu bewältigen. Vor etwa 10 Jahren war ich auf dem Weg der Selbstfindung. Ich wollte schon immer einen eigenen Kindergarten haben, in dem man selbst malen kann. Damals war ich angestellt und dachte, das kann doch nicht alles sein!

Ich habe mich dann ein Jahr auf eine Selbsterfahrungsebene begeben, mit Psychologie, mit VHS-Kursen, um zu sehen, was mir liegt. Und so kam ich zur Kunst- und Familientherapie. Für mich geht das, Hand in Hand, weil es einfach ressourcenreich und intuitiv ist. Durch die Kunst und die ganzen Themen habe ich natürlich auch meine Herausforderungen noch aus einer anderen Perspektive gesehen, sodass ich mich noch besser auf andere einlassen kann.

Natürlich habe ich dadurch auch für mich eine Lösung für Probleme gefunden. Wir alle erinnern uns, dass vor zwei Jahren eine große Krise begann und ich an einem Punkt war, wo ich mir etwas Neues überlegen musste.

Bis zu diesem Zeitpunkt war ich immer vor Ort. Ich war bei den Kindern und jetzt konnte ich das nicht mehr. Ich habe mich auf die Suche gemacht, wie kann ich in die Sichtbarkeit kommen? Wie kann ich zu ihnen nach Hause gelangen? Und so entstand Utes Art-Academie durch den Prozess des Malens, des Suchens, des Findens und vor allem für mich durch die Stille. Ich habe dieses Bild gesucht und gefunden. Ich glaube, dass es eine Chance ist, wenn wir wirklich die Stille wiederfinden und bei uns bleiben. Das habe ich für mich erkannt und dabei empfinde ich:

„Was ist mir wichtig?"

„Was sind meine Bedürfnisse?"

„Was benötige ich jetzt?"

„Wo will ich hin?"

Das war immer mein Traum. Jetzt habe ich meinen Kindergarten online, ich mache Kurse mit Jugendlichen oder male mit den Mamas, damit sie einfach entspannter sind. Jetzt habe ich alles auf einmal, weil jeder auf der ganzen Welt zu mir kommen kann, und das finde ich noch cooler. Es gibt immer Möglichkeiten, wenn wir uns die Zeit nehmen, können sie sich entwickeln.

Mein Name ist Milena Federmann und ich lebe mit meiner Familie und unserer Hündin in der Glücksgemeinde Schömberg. Wenn ich nicht online arbeite, findet ihr mich dort auch in meiner Praxis.

Als zweifache Mutter und Ehefrau kenne ich Herausforderungen, die mit der Balance zwischen Beruf, Familie und persönlichen Bedürfnissen einhergehen. In dieser hektischen Welt hatte ich selbst Zeiten, in denen ich mich von der Belastung des täglichen Lebens überwältigt fühlte.

Ich hatte Momente, in denen ich mir die Frage nach dem Sinn des Lebens gestellt habe. Herausgefunden habe ich zu Beginn meiner persönlichen Reise jedoch nur, dass es leichter ist zu erkennen, was nicht der Sinn des Lebens ist.

Die Erkenntnis daraus war, dass wir nicht für ein Leben im Dauerstress gemacht sind. Wir sollten nicht ständig gestresst und unglücklich sein. Dafür sind unser Körper und unsere Seele einfach nicht gemacht. Wenn wir dies ignorieren, bekommen wir die Antwort anhand von negativen Gefühlen und körperlichen Krankheiten umgehend zurückgemeldet.

Ich bin immer tiefer in dieses Phänomen eingetaucht.

Wir hatten noch nie so leicht Zugang zu Wissen wie jemals zuvor auf dieser Welt. Durch das Internet können wir die Erkenntnisse über die Psyche und das Gehirn jederzeit nachlesen. Dennoch scheinen wir weniger, denn je in der Lage zu sein, gut für uns selbst zu sorgen.

Daher habe ich es mir mit meinem StressMentalCoaching zur Aufgabe gemacht, Menschen zu helfen, sich selbst zu verstehen. Die eigenen Lebensthemen zu erkennen und emotionale Blockaden im Ursprung zu lösen.

Durch meine persönlichen Reise weiß ich aus erster Hand, wie der Alltag in dieser hektischen Welt das Wohlbefinden beeinflussen kann.

Bei meinem Coaching gehen wir einen Schritt tiefer. Dann schieben wir den Verstand beiseite, um Raum für die wirklich wichtigen Antworten zu finden.

Dein Geschenk

Hier gibt es großartige Interviews und Meditationen
https://www.youtube.com/@milenanenafedermann898

Dein Kontakt zu mir

Homepage:
https://www.milena-federmann.de

Facebook:
https://www.facebook.com/milena.federmann

Instagram:
https://www.instagram.com/milena_nena_federmann/

LinkedIn:
https://www.linkedin.com/in/milena-federmann-3845a7203/

Milena Federmann: "Veränderung bedeutet Mut zu haben"

Was bedeutet Veränderung für dich persönlich?

Wenn Menschen sich Veränderung wünschen, dann bedeutet das Streben nach einer Verbesserung der jeweiligen Lebenssituation.

Nehmen wir einmal an, dass du einen guten Job hast. Der Verdienst ist sogar etwas besser als man für die Arbeitszeit erwarten könnte und als Bonus dazu gibt es noch einige soziale Zusatzleistungen. Die Aufgaben, die du zu erledigen hast, fallen dir leicht und auch die Arbeit mit den Kollegen macht Spaß.
Sicherlich wünschst du dir in diesem Lebensbereich für den Moment keine Veränderung.

Doch in der Partnerschaft, da sieht es eventuell ganz anders aus. Dein Partner versteht dich nicht. Du hast das Gefühl, dass du keine Anerkennung oder Wertschätzung bekommst. Die Inhalte eurer Gespräche werden immer oberflächlicher und emotionale Nähe gibt es wenig, so dass du dich eher einsam in der Beziehung anstatt glücklich fühlst. Immer öfter spürst du den Wunsch nach Veränderung.

Erstaunlicherweise bleiben viele Menschen in solch unbefriedigenden Situationen. Sie nehmen die Leere in der Beziehung wahr, doch ändern sie nichts daran. Sie harren in der Beziehung aus, immer in der Hoffnung, dass es sich irgendwann ändern wird. Die Lebensenergie und Lebensfreude nehmen mit der Zeit immer mehr ab.

Doch der Wunsch nach Veränderung bedeutet vor allem den Mut zu haben, sich sein eigenes Leben in der Tiefe anzusehen. Es bedeutet, sich zu öffnen für die Themen, die sich in diesen Lebenssituationen zeigen. Für die gewünschte Veränderung bedarf es der Erkenntnis, dass wir unser Leben selbst erschaffen haben. Wir haben uns irgendwann für den Job, den Partner, die Wohnung, die Urlaube, den Kontostand oder auch die Freunde entschieden. Diese Erkenntnis ist nicht immer einfach, doch es gibt uns die Macht es auch zu ändern.

Viel zu oft geht die Angst vor Veränderung Hand in Hand mit dem Wunsch nach derselben. Leider gewinnt oft die Angst. Diese kann sich auf vielfältige Weise zeigen.

In Beziehungen kann es die Angst sein, nach einer Trennung allein zu bleiben oder keinen besseren Partner zu finden. Sind Kinder im Spiel, kommt die Angst hinzu, schuld zu sein, dass die Kinder nicht in einer kompletten Familie aufwachsen dürfen. Oder die ganz alte Angst gesellt sich hinzu „es allein nicht zu schaffen".

Warum Veränderung so schwierig ist und wo die Angst ihren Platz hat, wird am Beispiel der Komfortzone deutlich.

Die Komfortzone selbst hört sich sehr bequem an, doch der Begriff ist hier meines Erachtens nicht optimal gewählt. Die Komfortzone macht nur deutlich, dass wir uns in dieser Zone auskennen. Es ist genau der Bereich, in dem wir JETZT leben. Hier ist alles in Echtzeit. Unsere Freund:innen und Lebenspartner:innen, unsere Wohnung, unser Haus, unser Job, unser Kontostand, unsere Art zu leben. Dies bedeutet nicht, dass wir hier mit allem zufrieden sind. Es bedeutet nur, dass wir uns hier auskennen. Hier gibt es keine bösen Überraschungen. Selbst wenn dich dein Lebenspartner:in hier wieder nicht wertschätzt. So ist das nicht schön, aber eben auch nicht überraschend.

Die Hürde liegt darin, aus dieser Komfortzone herauszutreten, in einen Bereich, in dem wir uns nicht auskennen. Es ist der Schritt ins Ungewisse. Der Schritt in die Angst. Da gibt es keine Garantie, dass ein neuer Job besser ist als der gegenwärtige. Wer kann schon wissen, was da noch für Beziehungen kommen.

Das Leben in dieser Komfortzone lässt aber leider kein persönliches Wachstum zu. Erst durch das Verlassen des uns so vertrauten Lebensbereiches (der wirklich nicht positiv sein muss) können wir neue Erfahrungen machen und uns weiterentwickeln.

Kleine persönliche Anmerkung, um dir Mut zu machen: In einer Vielzahl von Coaching Sitzungen durfte ich Teil dieser Veränderung sein und noch nie wollte jemand in die alte Zone zurück.

Sich zu verändern bedeutet zu verstehen, dass alles, was aktuell an Gedanken und Handlungen im eigenen Leben ist, zu der aktuellen Lebenssituation geführt hat.
Für neue Erfahrungen und ein anderes Leben braucht es daher neue Gedanken und andere Handlungen als bisher.

Was sind deine drei besten Strategien zum Thema Veränderung?

Viel zu oft wünschen wir uns Veränderung in mehr als einem Lebensbereich. Die Partnerschaft könnte glücklicher sein.
Die Kilos auf den Rippen hängen schwer wie Blei am Körper und im Kopf.
Der Job ist nur Mittel zum Zweck, um jeden Monat Geld zu bekommen.
In deiner Freizeit bist du so erschöpft, dass du eigentlich gar kein Hobby hast, das dich erfüllt. Beim Blick auf den Kontostand fragst du dich, warum da immer so wenig los ist.

Am schönsten wäre es, wenn sich alles auf einmal zum Positiven verändern würde. Doch **STOPP**. Hier ist das Scheitern schon vorprogrammiert. Es gilt, sich realistische Ziele für Veränderung vorzunehmen.

Nimm dir einen Moment Zeit und schreib für jeden Lebensbereich auf, wie sehr du dir hier Veränderung wünschst.

Gehe hier davon aus, dass eine "10" der dringende Wunsch nach Veränderung ist, die 1 hingegen derzeit keine Veränderung erfordert.

Beziehung / Partnerschaft / Liebe:
z.B. eine 5 _____
Beruf:
z.B. eine 9 _____
Gesundheit / Ernährung:
z.B. eine 8 _____
Hobbies / Freizeit:
z.B. eine 4 _____

Freunde / soziale Kontakte:

z.B. eine 5 _____

Selbstverwirklichung:

z.B. eine 4 _____

In meinem Fall wäre hier der größte Wunsch bei Veränderung im Bereich Beruf. Nun kannst du hier direkt eintauchen. Anbei nur mal ein paar kleine Gedanken dazu. Nimm Dir Zeit, die Fragen für dich schriftlich festzuhalten. Es macht einen riesigen Unterschied, ob man nur darüber nachdenkt oder es wirklich aufschreibt.

Was stört dich hier?

Gibt es die Möglichkeit, hier etwas zu verändern?

Wie ist deine Einstellung dazu?

Was hat dich in diesen Job gebracht?

Was hat er derzeit Positives für dich?

Welchen Anteil hast du an der Situation?

Was möchtest du konkret und bis wann verändert haben?

Jede Veränderung darf 3 Schritte durchlaufen.

- **Jetzt (Heute)**

Wie geht es mir heute? Gerne zunächst nur in einem Lebensbereich. So wie in 1 beschrieben

- **Vergangenheit**

Finde heraus, was in deiner Vergangenheit passiert ist, dass du heute in dieser Situation bist. In dem Bereich Vergangenheit wirst du nicht daran vorbeikommen, dir auch deine Kindheit anzusehen.

Dort wurde in den ersten 7 Lebensjahren das Fundament für dein weiteres Leben gebaut. In dieser Zeit entstand ein Großteil der Glaubenssätze, die dich unter Umständen ein ganzes Leben lang begleiten. Glaubenssätze wie – ich bin nicht wichtig, ich muss still sein, wenn andere reden, Geld verdirbt den Charakter oder vielleicht auch ich muss immer alles allein machen, können das eigene Leben stark beeinflussen.
Auf der Reise in die eigene Vergangenheit gilt es dann herauszufinden, was von all dem, was man über sich und das Leben denkt, noch in das aktuelle Leben passt.
Viel zu oft gehört die Stimme in unserem Kopf gar nicht uns selbst. Nicht selten redet da noch die Mutter, die einem beigebracht hat, dass man den Teller immer leer essen muss. Es könnte aber auch der Vater sein, der immer gesagt hat „erst die Arbeit, dann das Vergnügen".
Was war es bei dir? Welche Stimmen gehören nicht zu dir, die dir bis heute sagen, was du tun sollst?

- **Zukunft**
Nachdem du herausgefunden hast, warum dein Leben nicht so glücklich und erfüllt ist, wie du es dir wünschen würdest, darfst du nun den Blick in die Zukunft wenden.
Was ist in deiner Zukunft nun anders? Welche Entscheidungen hast du getroffen, die zu dem neuen Zustand geführt haben? Welche Werte lebst du dort? Was für einen Job hast du da? Wie fühlt sich so ein Leben an. Stell es dir so gut wie möglich vor. Träum dich da mal tief rein. Dein Ziel darf groß, schön und

bunt sein. Du möchtest dich auch selbst motivieren, dieses Leben zu leben. Je erstrebenswerter die Vision deines neuen Lebens, umso größer ist die Wahrscheinlichkeit, dass du deine Komfortzone verlässt und beginnst, dein eigenes Leben zu leben.

Hol dir Hilfe. Wir Menschen haben das Problem, dass wir oft unsere eigenen blinden Flecken nicht sehen können. Genauso wenig wie wir einen Schritt zu uns selbst machen können. Lese Bücher, höre Podcasts, gehe zu Veranstaltungen, die dich zu dem Thema interessieren, arbeite mit einem Coach, sprich mit anderen Menschen (keine freundschaftlichen Ratschläge). Menschen, die selbst schon Wege der Veränderung hinter sich haben.

Was war deine größte Veränderung und wie hast du sie gemeistert?

Personalreferentin in einem Mittelstandsunternehmen. Sicherlich nicht der schlechteste Beruf, den man so haben kann. Doch war das ich? Nein! Dies kann ich heute mit tiefer Überzeugung sagen.

Schon lange hatte ich großes Interesse daran herauszufinden, wie wir Menschen funktionieren. Ich wollte verstehen, warum wir so unterschiedlich sind und dementsprechend auch so unterschiedlich behandelt werden. Die Personalabteilung war für mich in dieser Zeit sicherlich eine gute Lehrzeit. Mit jedem weiteren Buch und jeder Weiterbildung erschloss sich mir jedoch eine andere Welt. Eine, die ich bisher so nicht gekannt hatte. Mir wurde in einer Deutlichkeit klar, wie wenig wir über uns selbst wissen und somit auch gar nicht die Möglichkeit haben uns selbst in herausfordernden Zeiten zu helfen.

Mit dem klaren Ziel vor Augen, dies zu ändern, habe ich mich selbstständig gemacht. Es gab keinen Plan B, dies hätte bedeutet, dass ich Scheitern in Betracht ziehe. Mir war klar, dass mein Weg nicht gerade und ohne Hürden verlaufen würde.

Mir war aber ebenso klar, dass er mich mit jedem weiteren Schritt auch weiter nach vorne bringen würde. Dabei rechts und links abzubiegen, gehört dazu. Einzig und allein umzudrehen war nie eine Option.

Heute lebe ich meinen persönlichen Traum.
Hat es Mut erfordert? Ja!
Wusste ich, was alles auf mich zukommt? Nein!
Würde ich es wieder tun? Ja! Immer und immer wieder.

Fazit: Wir alle werden erzogen und geschult. Wir lernen, was die Menschen in unserem Leben für richtig halten. Wir erschaffen für uns Strategien, um in dieser Welt klarzukommen. Doch irgendwann sollte der Punkt im Leben kommen, an dem wir innehalten, um uns die Zeit zu nehmen, tiefer zu gehen.

Wenn wir ablegen, was uns das Leben auferlegt hat, dann finden wir unsere eigenen Wünsche und Werte.

Der Sinn des Lebens besteht darin, das eigene Leben zu leben.
L(i)ebe dein Leben!

Ich bin Felicitas Fois, genannt Feli, 46 Jahre alt. Mama von zwei Jungs (13 u. 5. J.) und vergeben. Ich bin zurzeit viel mit Heilen beschäftigt und schreibe noch drei weitere Bücher. Eins zum Thema Heilen und die anderen beiden haben eher Romancharakter und sind, wie ich finde, lustig. Ich bin Angestellte und Leitung im pädagogischen Bereich.

Ich kann fünf gerade sein lassen und bewerte wenig. Ich kann leicht chaotisch und stur sein und mache mir eher wenig Gedanken dazu, was andere über mich denken könnten. Für meine Kinder bin ich eine offene und verständnisvolle und zeitweise genervte Mama, die schimpft. Ich bin eher ein Familienmensch, der aber seine Freiheit braucht. Ich habe einen Hund und merke immer, wie gut er uns allen tut.

Dein Geschenk

Gratis Kennenlerngespräch
Mail an: felicefois@yahoo.com

Dein Kontakt zu mir

Facebook:
https://www.facebook.com/feli.fois

Felicitas Fois: "Das Leben ist Veränderung"

Was bedeutet Veränderung für dich persönlich?

Das Leben ist Veränderung. Wir werden immer kontinuierlich mit Veränderungen konfrontiert und entwickeln im Laufe der Zeit Strategien, um mit ihnen umzugehen.
Für mich bedeutet Veränderung, sie wahrzunehmen und sich auf sie einzulassen.
Veränderungen lösen bei mir, je nachdem, um welche es sich handelt, verschiedene Emotionen aus. Erstaunlicherweise habe ich bemerkt, dass mir „große", „sichtbare" Veränderungen „leichter" fallen, z. B. ein anstehender Umzug, ein Jobwechsel oder Änderungen durch Schwangerschaft und Geburt meiner beiden Kinder.

Am „schwierigsten" kann ich Veränderungen aushalten, die vor sich hindümpeln, nicht klar erkennbar sind und sich noch entwickeln müssen. Ich bemerke eine Spannung und zeitweise ein Unwohlsein, da ich nicht „sehen" kann, worauf es hinauslaufen soll, was mir gezeigt und gesagt wird.

Veränderungen finden, meiner Meinung nach, sowohl im Kleinen als auch im Großen statt. Sie sind für mich in ihrer Gewichtung eher gleichwertig und lassen sich nicht im Außen „bewerten" und erkennen.

Wir wissen tatsächlich nie, wie die Veränderung aussieht oder aussehen kann.
Wir haben aber eine Ahnung und/oder wissen, dass „sich einlassen" zu Veränderungen führt und die Möglichkeit erhöht, dass die Veränderung eine Chance zum Besseren birgt.

94

Was sind deine drei besten Strategien zum Thema Veränderung?

Für mich sind die besten Strategien, um **Veränderungen zuzulassen**, sie erst mal **wahrzunehmen** und zu **erkennen**. Alle Ideen und Vorurteile, wie es „richtig" zu sein hat, sollte man **loslassen**, um sich auf das, was kommt, einlassen zu können. Für mich ist der Glaube daran, dass alles, **was jetzt kommt, immer besser ist** als das, was jetzt da ist. Diesen Weg zu gehen, wird tendenziell zu einem „besseren" Ergebnis führen, wie es jetzt ist.

Was war deine größte Veränderung und wie hast du sie gemeistert?

In meinem Leben habe ich eine tiefgreifende Veränderung gemacht, an die ich immer mit Freude zurückdenke. Vor allem auch deswegen, weil mir später nie wieder in so einer Form diese Veränderungsmöglichkeit gezeigt wurde.
Ich habe auf diesem Weg tiefes Vertrauen und eine Sicherheit gehabt, die mir zeigte, dass es genauso kommen und sein wird, wie ich es brauche und haben möchte.
Und es hat sich alles genau so gefügt.

Als ich 24 Jahre alt war, besuchte ich an einem Julitag meine Eltern. Dort traf ich meine Tante. Sie berichtete uns, dass ihre Tochter nach Mailand gehen würde. Ich sagte damals zu meiner Tante: "Oh, wie schön, ich wollte schon immer mal nach Italien gehen."

Ihre Antwort war: „Du kannst doch immer noch nach Italien gehen."

Dieser Satz löste bei mir einen gedanklichen Veränderungsprozess aus. Die Idee, nach Italien gehen zu können, ließ mich nicht mehr los und es öffnete sich für mich eine Schatzkiste.

Ich dachte immer wieder an den Satz: "Du kannst doch immer noch nach Italien gehen!" und spürte, dass dies tatsächlich so sein kann. Ich hatte das vorher nie für mich in Erwägung gezogen, aber jetzt wurde es die Möglichkeit für mich.

Damals war ich in einer Beziehung. Diese endete, glaube ich, im August. Das stellte einiges auf den Kopf, aber die emotionale Verbindung war schon lange nicht mehr da und es war klar, dass diese Beziehung keine Option mehr ist.

Damals kam ich, bis die Wohnung aufgelöst wurde, bei der Schwester einer Freundin unter.

Ich suchte nach einer anderen Wohnung und ich bekam ein Angebot, an einem Standort, den ich schon immer optimal zum Wohnen fand.

Damals hatten wir einen Hund, den Hund meines damaligen Freundes. Ich gab an, dass ich keine Haustiere habe. Da ich diesen Hund liebte und auch nicht wusste, was weiterhin passierte, wollte ich mir die Option, den Hund noch irgendwie in meinem Leben haben zu können, offenhalten. Deswegen erwähnte ich, dass es sein kann, dass ich stellenweise einen Hund zur Pflege habe.

Ich hatte damals nur dieses Wohnungsangebot. Ich erzählte jedem: „Wenn ich die Wohnung nicht bekomme, gehe ich nach Italien." Ich bekam die Wohnung nicht. Die Begründung war tatsächlich die, dass ich angegeben hatte, dass ich eventuell gelegentlich einen Hund bei mir haben könnte und dies wurde nicht erwünscht. Ansonsten teilte man mir mit, dass ich die Wohnung bekommen hätte.

Für mich brachte die Rückmeldung Klarheit ans Licht und zeigte mir den Weg, nach Italien zu gehen. Ab da erzählte ich jedem, dass ich nach Italien gehe und da meine Cousine im November, glaube ich, nach Mailand gegangen ist, sagte ich ihr, dass ich vermutlich nachkomme.

Ab da habe ich nie infrage gestellt, dass ich nicht nach Italien gehen werde. Jetzt war der Weg gesichert. Ich weiß nicht, woher ich die Gewissheit genommen habe, ich wusste, dass Italien jetzt kommen wird. Für mich war es das Einzige, was es jetzt zu tun gab. Alles andere war keine Option für mich.

Automatisch stellten sich auch die Weichen für diesen Weg. Da ich jetzt jedem erzählte, dass ich nach Italien gehe, kam natürlich automatisch die Frage, wann ich denn nach Italien gehe, und ich antwortete: „Im Januar." Ich erzählte es jedem mit einer Gewissheit, dass dies auch so sein wird. Das war im August. Als ich gefragt wurde, was ich dort machen werde, sagte ich nur, dass sich schon etwas finden wird.

Von irgendwo her bekam ich die Information, dass es in Frankfurt „Eures-Berater" gibt, die sich um die Stellenvermittlungen im Ausland kümmern. Ich rief dort an und bekam im Oktober einen Termin. Bis dahin war meine Zeit immer mit dem Wissen gefüllt, dass ich im Januar in Italien sein werde. Mir ging es gut und ich wohnte weiterhin bei der Schwester meiner Freundin. In der Zwischenzeit wurde unsere gemeinsame Wohnung aufgelöst.

Endlich kam der heiß ersehnte Tag und ich fuhr zur Beratungsstelle. Nachdem ich mein Anliegen geschildert hatte, schaute mich die Frau komisch an und sagte, dass sie keinen Termin für mich hat und fragte nach einer Terminbestätigung. Damals verteilte sich meine Post auf drei verschiedene Orte, ich wusste, dass ich keine Einladung bekommen hatte.
Der Frau sagte ich, dass sich meine Post im Moment auf drei Briefkästen verteilt und ich nicht weiß, ob etwas angekommen ist. Daraufhin bat mich die Frau zu warten und verschwand.

Ich hatte Glück, gerade hatte jemand abgesagt und es war ein Termin frei. Der Eures-Berater gab mir genau zwei Angebote. Eins in Mailand und eins in Rom. Ich nahm das Angebot von Mailand und sagte zu dem Berater: „Das ist es!" „Sie brauchen gar nicht mehr weiter zu schauen."
Ich nahm das Angebot und verabschiedete mich. Der Termin musste so laufen, ich hatte mir ja vorgenommen, im Januar in Italien zu sein.

Es handelte sich um eine Stelle als Au-pair und ich rief noch vor der Eingangstür des Gebäudes meine Schwester, die Italienisch spricht, an und fragte sie, ob sie die Familie für mich anrufen könnte. Sie meinte, dass sie es später machen würde. Nach fünf Minuten rief sie mich jedoch zurück. Ihre ersten Worte waren: „Feli, das ist es." Und ich sagte: „Ja, ich weiß."

Da die Familie schon in der Entscheidungsphase war, erwartete sie noch dieses Wochenende meinen italienischen Lebenslauf. Es war Freitag. Meine Schwester sagte auch zu, dass ich zu einem Vorstellungsgespräch nach Mailand kommen könnte. Konnte ich das??? Ja, ich konnte, die Vorstellung löste bei mir nicht einmal Angst oder Sorge aus.

Ich fühlte, dass ich auf dem richtigen Weg war, obwohl ich keine Möglichkeit hatte, einen Lebenslauf zu verfassen. Ich hatte keinen PC, konnte kein Italienisch und hatte kein Auto, um zu meiner Schwester zu fahren, damit wir ihn schreiben konnten. Ich weiß bis heute nicht, warum ich keine Angst hatte und mich nicht fragte: „Wie komme ich zu meinem italienischen Lebenslauf??"

Am Samstag früh bin ich durch die Stadt gelaufen und traf zufällig einen Bekannten. Er saß an der Eisdiele und lud mich ein. Und so verbrachten wir beide den Samstag in Cafés. Ich sagte ihm immer mal wieder: „Oh Mann, eigentlich müsste ich jetzt einen italienischen Lebenslauf schreiben, der am besten noch heute abgeschickt werden muss, aber ich weiß nicht, wie ich das machen soll."

Irgendwann meinte der Bekannte zu mir: „Weißt du was, ich kenne einen Italiener, den frage ich jetzt, ob er Zeit hat, sich mit uns zu treffen, um dir einen italienischen Lebenslauf zu schreiben."
Und so wurde es gemacht. Wir trafen uns abends in einer Bar und schrieben gemeinsam handschriftlich den Lebenslauf. Am Sonntag besuchte ich meinen Bekannten zu Hause, um den Lebenslauf auf seinen PC zu übertragen. Meine Schwester half mir telefonisch und per Mail ein Anschreiben zu verfassen. Am Schluss warf ich

pünktlich und zufrieden den Lebenslauf ein und wusste, dass der erste Schritt getan war.

Tatsächlich bekam ich eine Einladung nach Mailand zu fliegen, um mich vorzustellen und die Familie kennenzulernen, bei der ich als Au-pair arbeiten sollte. Da habe ich die Geschichte von der anderen Seite gehört. Das Au-pair, das dort noch arbeitete, erzählte mir, dass die Mutter der Kinder zu ihr und ihrem Mann gesagt hatte: „Ihr kümmert euch um die Suche nach einem neuen Au-pair."

Und so machten sie es auch. Da der Vater beruflich sehr eingespannt war, lasen sie teilweise ab spät abends Lebensläufe. Dann haben sie sich für jemanden entschieden. Die Person sollte am nächsten Tag informiert werden. Da kam die Mutter in die Küche und sagte: "Ach übrigens, ihr müsst gar nicht mehr weitersuchen." „Ich habe jemanden gefunden."
Die beiden haben sie ungläubig angeschaut und dachten sich vermutlich ihren Teil.

Meine Arbeit in Deutschland konnte ich fristgerecht kündigen.
Ich war da, wo ich hinwollte und ab Januar, pünktlich zur Einführung des Euros 2002, in Mailand.
Bei meiner Familie bekam ich mehr Geld bezahlt, als es üblich war. Zudem hatte ich so gut wie immer frei. Die Familie übernahm häufig selbst ihre Kinder und fuhr auch ohne mich in den Urlaub, da die Kinder schon „groß" waren. Ich hatte also doppelt Glück mit dieser Stelle. Ich verbrachte fast zwei Jahre in Mailand.

Das alles habe ich in nur sechs Monaten erreicht. Vor dem Satz meiner Tante wusste ich gar nicht, dass Italien eine Option für mich ist und ich wirklich dort leben würde.

Diese Zeit hat mir geholfen, mich und meine italienischen Wurzeln zu finden. Ich wurde selbstbewusster und glücklicher. Ich wusste und bin immer noch davon überzeugt, dass ich es ewig bereut hätte, wenn ich diesen Schritt nicht gegangen wäre. Niemals wäre ich zufriedener geworden, denn diese Zeit hat mich so geprägt und ist immer noch die wichtigste und bedeutendste Zeit in meinem Leben.

Dir als Leser möchte ich mit auf den Weg geben, dass es wichtig ist, immer an sich zu glauben und darauf zu vertrauen, dass alles in deinem Sinne geschieht. Wenn du ein eher ängstlicher Typ bist, lade ich dich dazu ein, deine Angst zu überwinden und Mut aufzubringen, ins Tun zu kommen. Es muss nicht gleich etwas Großes sein, wie ein Umzug, sondern endlich den Anruf zu wagen oder eine Station mit der Bahn oder dem Bus zu fahren. Oder auch, sich nach einem neuen Job umzusehen und die Tür mit neuen Möglichkeiten offenzuhalten.

Der Weg ist die Veränderung. Wir kommen nicht an Veränderungen vorbei. Und wenn man zurückschaut, hat man schon immer viele kleine und große Veränderungen machen müssen. Wenn eine Erfahrung negativ geprägt war, kann man versuchen, sich den Gedanken zu erlauben, dass es auch und trotzdem gut werden kann. Vielleicht hilft es, sich zu sagen: „Ja, ich habe diese schlechte Erfahrung gemacht." „Jetzt möchte ich eine neue und positive Erfahrung machen und lasse es jetzt zu."

Mut, Vertrauen und über sich selbst hinauswachsen, sind meiner Meinung nach wichtige Bestandteile, um sich auf Veränderungen einzulassen und sie sich zu erlauben. Diesen Mut wünsche ich jedem Menschen.

Allen Lesern viel Freude mit unseren Geschichten und dass sie sich in der einen oder anderen Geschichte wiederfinden und neue Möglichkeiten sehen, sich positiv auf Veränderungen einlassen.

Tamara Golliez-Solomir

Ich bin inzwischen über sechzig Jahre alt geworden und in meinem Leben habe ich sehr viele Veränderungsmomente erlebt. Ungefähr alle 6 Jahre habe ich meine Berufsrichtung geändert.

Vom Spital-Labor über Gymnastik, bis hin zur Kundenbetreuung am Flughafen bis hin zur Arbeit mit kognitiv beeinträchtigten Menschen und Flüchtlingen.

Immer etwas mit Menschen .. und jetzt bin ich zertifizierte Faceyoga-Lehrerin.

Alle diese Schritte haben mir neue Wege aufgezeigt und neue Möglichkeiten eröffnet.

Dein Geschenk

Kostenlose Gesichtsanalyse
https://calendly.com/tamara-faceyoga/15-min-faceyoga-gesichts-analyse

Dein Kontakt zu mir

Homepage:
https://www.tamara-faceyoga.ch/

Facebook:
https://www.facebook.com/tamarafaceyoga

Instagram:
https://www.instagram.com/tamarafaceyoga/

Tamara Golliez-Solomir: "Veränderung bedeutet Weiterentwicklung"

Was bedeutet Veränderung für dich?

Persönlich bedeutet Veränderung für mich Weiterentwicklung.

Immer wieder gab es Momente, in denen ich dachte, jetzt sieht alles viel schlechter aus als vorher. Doch generell bot sich mir immer die Chance, daraus Neues zu entwickeln. Eine Weiterbildung, ein spannendes Treffen mit neuen Menschen und schon ging der Weg weiter, es haben sich jeweils neue Türen geöffnet.

Eine positive und offene Einstellung hat mich dabei sehr unterstützt.

Meine 3 besten Strategien, auf diesem Weg waren eindeutig:

1. Dinge, die ich selbst nicht ändern kann, muss ich akzeptieren lernen. Auch wenn es weh tut, ich muss mich nicht freuen, jedoch akzeptieren! Ich versuche immer, etwas Positives in der neuen Situation zu erkennen. Auch wenn es völlig schiefläuft, stelle ich mir immer die Frage, was kann ich daraus lernen? Sei es auch nur, dass ich erkenne, dieser Weg ist definitiv nichts für mich... erst dann habe ich die Möglichkeit weiterzugehen.

2. Eine weitere Strategie, die ich mit FaceYoga gelernt habe, ist: So viel wie möglich zu lächeln. Ich habe im Laufe der Zeit gemerkt, auch wenn es mir nicht gut geht, verändert sich die Stimmung durch Lächeln

3. rasch zum Positiven.

4. Die dritte Strategie ist die wichtigste: Sie heißt Genießen. Gerade wenn mal nichts läuft, einfach den Moment genießen, genießen, da zu sein, auf dieser Erde zu sein und es geht dann schon weiter.

Eine der letzten und für mich wichtigsten Veränderungen war und ist:

Ich habe realisiert, dass ich viele Jahre zwischen 60 - 100 Prozent gearbeitet habe und das neben der Familie.

In diesen Jahren habe ich mich selbst ein wenig verloren.

Als ich FaceYoga für mich selbst entdeckte, wurde mir das erst recht richtig bewusst.

Unbewusst habe ich etwas gesucht, das mich selbst als Persönlichkeit wachsen ließ.

Ich bin über FaceYoga gestolpert und habe erkannt, dass die äußere Veränderung einen wichtigen Einfluss auf die eigene innere Einstellung hat.

Als ich die Ausbildung zur FaceYoga-Instruktorin machte, dachte ich nicht, dass ich je unterrichten werde.

Und doch!

Ich habe so viel gelernt auf diesem Weg, dass ich es gerne weitergeben will.

Eine der wichtigsten Erkenntnisse war:

Ich bin wichtig:

1. Für mich selbst, auch wenn ich mich im Moment noch nicht wohlfühle.

2. Wenn ich nicht zuerst für mich selbst sorge, habe ich auch keine Energie, um für andere da zu sein.

3. Je mehr ich mich mit mir selbst beschäftige, desto besser kenne ich mich und weiß, was ich brauche...

4. Jede*r, der das beherzigt, wird dadurch selbstsicherer und strahlt das aus!

Das ist FaceYoga - Mein großer Schritt, meine große Veränderung.

Franziska Gostner

Als Ernährungscoach und medikamentös gut eingestellte Epileptikerin unterstütze ich klein- und mittelständische Unternehmen im DACH-Raum (Deutschland, Österreich und der Schweiz) und deren Mitarbeiter dabei, Produktivität sowie Konzentrations- und Leistungsfähigkeit auf gesunde und angenehme, aber auch effiziente Art während des Arbeitstages hochzuhalten. In meinen Coachings und Vorträgen helfe ich vielbeschäftigten Menschen bei der Umsetzung ihrer gesunden und schmackhaften Ernährung im oft hektischen Berufsalltag, damit sie die Schere zwischen Erfolg und Leistung einerseits und Wohlbefinden und Vitalität andererseits mit Leichtigkeit schließen können.

Die Berufung und Leidenschaft für meine Tätigkeit, die ich heute verspüre, hat sich aus der Entwicklung und Geschichte meiner eigenen Vergangenheit heraus ergeben.

Ich wurde als Kind einer Arztfamilie von klein auf mit einer Kunden- und Ergebnisorientierung erzogen. Trotz meines Wissens um die Zusammenhänge von Ernährung und Gesundheit hatte ich als Kind mit Übergewicht und Stoffwechselstörungen zu kämpfen. Eine Ursache lag unter anderem darin, dass ich seit meiner Jugend an Epilepsie litt und zahlreiche bekannte Antikonvulsiva (=Medikamente gegen Epilepsie) starken Einfluss auf die Appetitregulation haben.

Ich wurde wegen meines Aussehens gehänselt und unter Druck gesetzt. Die Ratschläge der Gesundheitsberater und -experten enttäuschten mich, also beschloss ich, meinen Veränderungsprozess selbst in die Hand zu nehmen. Ich erwarb zwei Universitätsabschlüsse und wurde zertifizierte Ernährungsberaterin und -coach im primärpräventiven Bereich. Zusätzlich absolvierte ich eine Ausbildung zum Fachberater für „Ketogene Ernährung" sowie zahlreiche Weiterbildungen im Bereich Ernährung, Mentaltraining und Coaching. Als *lebensverändernde* Ernährungsexpertin (so werde ich liebevoll von meinen Klienten genannt) habe ich meine eigene erfolgreiche Methode entwickelt, um anderen Menschen dabei zu helfen, ihre Ernährungsgewohnheiten zu ändern und ihre Lebensqualität zu verbessern.

Dein Geschenk

Kostenfreies E-Book "5 Geheimnisse für eine erfolgreiche Gewichtsabnahme"
https://vip.essentiae.net

Dein Kontakt zu mir

Homepage:
https://www.misspaprika.de

Facebook:
https://www.facebook.com/essentiae.de

Instagram:
https://www.instagram.com/essentiae_simplydelicious/
(Test-Phase)

LinkedIn:
https://www.linkedin.com/in/franziska-gostner-964a0960/

Xing:
https://www.xing.com/profile/Franziska_Gostner/ (weniger in Verwendung)

Franziska Gostner: "Veränderung ist Erfahrung zu machen"

Was bedeutet Veränderung für dich persönlich?

"Positive sowie negative Erfahrungen machen und daraus Optimierungs- und Entwicklungsstrategien für die Zukunft generieren"

Denn nur wenn ich aus meinen Fehlern lerne und meine Stärken weiter ausbaue, kann ich langfristig erfolgreich sein. Das bezieht sich auf alle Lebensbereiche: Beziehungen und Berufliches genauso wie Gesundheit und andere persönliche Bereiche. Doch wie gelingt es, die richtigen Schlüsse aus Erfahrungen zu ziehen? Zunächst ist es für mich wichtig, mich bewusst mit den eigenen Erlebnissen auseinanderzusetzen und sie zu reflektieren. Was lief gut? Was hätte besser laufen können? Wo liegen mögliche Fehlerquellen? Mit diesen und ähnlichen Fragestellungen coache ich mich selbst.

Indem ich bewusst über Erlebtes nachdenke, kann ich die Situation objektiv betrachten. Die gewonnenen Erkenntnisse über mein Handeln bilden die Basis für Verbesserungen.

Was sind deine drei besten Strategien zum Thema Veränderung?

1. Das Wichtigste ist, Klarheit und Sicherheit über die eigenen Ziele zu haben. Das beginnt bei den gesamtheitlichen und langfristigen Lebenszielen, die in mittel- und kurzfristige Ziele unterteilt werden und reicht bis hin zu den Gesundheits- und Ernährungszielen. Wie bei jedem Veränderungsprozess ist es auch hier wichtig, einen Schritt nach dem anderen zu setzen und sich selbst die

nötige Zeit für die Aneignung der positiven Gewohnheiten und Routinen zu geben.

Motivation ist ein entscheidender Faktor für eine erfolgreiche Zielerreichung. Wenn das Ziel klar definiert und die Zielformulierung präzise ist, wird die Motivation von allein kommen. Es ist wie ein inneres Feuer, das uns antreibt und uns die Kraft gibt, die nötigen Schritte zu unternehmen, um unser Ziel zu erreichen. Wir werden uns nicht von Rückschlägen entmutigen lassen, sondern uns immer wieder aufraffen und weitermachen, bis wir unser Ziel erreicht haben. Motivation ist der Schlüssel zum Erfolg und wir werden sie in uns finden, wenn wir uns auf unser Ziel fokussieren und hart dafür arbeiten.

Doch wie finde ich heraus, welche Ziele wirklich wichtig und erstrebenswert für mich sind? Meine aktuelle Zielrichtung kam nicht von jetzt auf gleich. Mein Leben war voller Höhen und Tiefen. Manchmal fühlte ich mich auf dem Gipfel der Welt und manchmal schien alles gegen mich zu arbeiten und ich fühlte mich einsam und allein.

Was passiert, wenn man erkennt, dass man gar nicht allein sein muss? Dass es jemanden gibt, der einem hilft, die Kurven des Lebens zu meistern? Ein Coach kann genau das sein - eine Unterstützung, die das Leben wesentlich einfacher macht. Denn ein Coach ist nicht nur ein Zuhörer, sondern auch ein Ratgeber, der neue Perspektiven aufzeigt und einem hilft, seine Ziele zu erreichen. Mit einem Coach an der Seite kann man die Tiefen des Lebens besser überwinden und die Höhen umso mehr genießen. Also warum nicht die Unterstützung eines Coaches in Anspruch nehmen und das Leben in vollen Zügen genießen? Genau das war meine Entscheidung an einem bestimmten Zeitpunkt meines Lebens.

Mir hat Zeit für eine intensive Selbstreflexion besonders geholfen. Was sind meine Werte und Überzeugungen? Wo sehe ich mich in fünf, zehn oder fünfundzwanzig Jahren? Welche Dinge machen mich glücklich und erfüllen mich mit Freude?

Seit 10 Jahren verwende ich einen besonderen Planer, der es mir ermöglicht, meine Ziele in handschriftlicher Form zu verfolgen. Mit einem Monats- und Quartalsüberblick behalte ich das Erreichte im Auge und kann meine Strategie anpassen, um noch erfolgreicher zu sein. Ein digitaler Taskmanager sorgt dafür, dass ich immer weiß, welche Schritte als nächstes anstehen und wie viel Zeit ich dafür einplanen sollte. Die Umsetzung der eigenen Ziele wird so zu einem strukturierten und erfüllenden Prozess, der mich Schritt für Schritt durch die Veränderung zum Erfolg führt.

2. Wie formuliere ich die zweite Strategie jetzt am besten, dass sie so verstanden wird, wie ich's meine. Ich habe ein Portfolio mit möglichen Lösungsansätzen im Bereich Ernährung für unterschiedliche Herausforderungen. Die individuellen Herausforderungen und Prioritäten entscheiden letztlich über die Wahl der Maßnahme und die Reihenfolge deren Umsetzung. Der rein nutritive Ansatz reicht von der Wahl einer bestimmten Ernährungsform und geht über Rezepte mit ausgewählten Lebensmitteln bis hin zur phasenweisen Umsetzung von Diätkost.

Damit mein Körper optimal versorgt werden kann, ist es wichtig, eine ausgewogene Ernährung zu verfolgen, die aus verschiedenen Nährstoffen wie Vitaminen, Mineralstoffen, Ballaststoffen,

Proteinen und Fetten besteht. Es gibt verschiedene Ernährungs-formen, die dabei helfen können, alle wichtigen Nährstoffe zu er-halten. Es würde an dieser Stelle den Rahmen sprengen, auf alle einzugehen. Allerdings zeigen neuere Untersuchungen, dass es keine perfekte Ernährungsform gibt, die für jeden geeignet ist. Je-der Körper hat individuelle Bedürfnisse und jeder Mensch hat Wünsche und Vorlieben.

Deshalb sollte ein erfolgreicher Ernährungsplan diesen berück-sichtigen und darauf abzielen, diese individuellen Bedürfnisse und Vorlieben zu erfüllen.

Und jetzt komme ich zur eigentlichen Antwort. Ich verfolge eine personalisierte Ernährung, die auf die individuellen Bedürfnisse meines Körpers abgestimmt ist und ihn mit allen notwendigen Makro- und Mikronährstoffen versorgt. Diese Ernährungsweise bildet die physiologische Grundlage für ein emotionales und, im weiteren Sinne, mentales Gleichgewicht. Der menschliche Körper ist ein komplexes Zusammenspiel von biochemischen Prozessen, die nur durch das perfekte Miteinander der Mikronährstoffe funkti-onieren können. Es ist ein wahrhaftiges Wunderwerk der Natur, wie all diese kleinen Bausteine miteinander agieren und so letzt-endlich das Hormongleichgewicht im Körper beeinflussen. Denn dieses wiederum hat einen immensen Einfluss auf unsere Emoti-onen und unser Wohlbefinden.

Zuhause setze ich konsequent auf eine ketogene Ernährung (=stark kohlenhydratreduzierte Ernährung mit mäßig Proteine und viel gesunde Fette) und bereite meine Mahlzeiten im Voraus vor. Wenn es mal schnell gehen muss, greife ich auf ein Baukasten-system aus drei Lebensmittel zurück, um meine Makroverteilung zu erreichen. Auf diese Weise spare ich die Vorbereitungszeit der Mahlzeiten (auch wenn es nur durchschnittlich 20 Minuten sind). Bei Geschäftsessen oder im Urlaub halte ich mich an eine Freestyle Lowcarb Ernährung, bei der ich die Mengen nach meinem Gefühl und meiner Erfahrung anpasse. Um meinen Stoffwechsel gezielt zu trainieren und viele ineinandergreifende Prozesse zu unterstützen, wechsle ich meine Ernährungsweise regelmäßig.

3. Die Kraft des richtigen Mindsets ist jedenfalls mit der Wirkung der Lebensmittel gleichzusetzen. Abhängig vom Ziel stelle ich die Behauptung auf, dass die Bedeutung der Gedankenmuster diese sogar übertreffen. Es ist wichtig, achtsam mit sich selbst umzugehen, denn der Schlüssel zur Veränderung liegt in jedem von uns selbst! Wenn wir uns bewusst machen, dass unsere Gedanken und Einstellungen unser Handeln beeinflussen, können wir gezielt an unserem Mindset arbeiten. Positive Affirmationen oder Visualisierungen sind nur einige Möglichkeiten, um das eigene Denken und Handeln zu optimieren und zu beeinflussen.

Um ein starkes Mindset aufzubauen, bedarf es jedoch Zeit und Übung – schließlich haben sich negative Gedankenmuster oft über Jahre hinweg eingeschlichen bzw. sind seit der Kindheit antrainiert. Doch wenn du dranbleibst, wirst du belohnt: Mit einem positiven Mindset kannst du Herausforderungen besser meistern und deine Lebensqualität nachhaltig verbessern!

In der heutigen Zeit sind wir ständig Veränderungen ausgesetzt, sei es im beruflichen oder privaten Bereich. Um diesen Herausforderungen gewachsen zu sein, bedarf es unterschiedlicher Fertigkeiten. Diese ermöglichen es uns, Veränderungsprozesse erfolgreich zu meistern und unsere Ziele zu erreichen.

Denn nur wer sich auf die Veränderungen einlässt und sich auf die neuen Gegebenheiten einstellt, wird langfristig erfolgreich sein. Mit einer professionellen Aneignung kommunikativer und psychologischer Methoden im Zusammenhang mit dem Verständnis für physiologische Zusammenhänge, bin ich in der Lage, nicht nur mich selbst, sondern auch andere Menschen in Veränderungsprozessen zu unterstützen und zu begleiten.

Und wenn es richtig schnell gehen muss, kommen bei mir persönlich sogenannte "Binaural Beats" ins Spiel. Diese speziellen Klänge sind mit bestimmten Frequenzen hinterlegt, die gezielt meine Stimmung oder Leistungsfähigkeit beeinflussen. Ob fokussierend, entspannend, bewusstseinserweiternd oder einschläfernd - die Wirkung hängt dabei von der Frequenzhöhe ab. So kann ich mich ganz einfach und passiv unterstützen lassen, um meinen Alltag erfolgreicher und angenehmer zu gestalten.

Was war deine größte Veränderung und wie hast du sie gemeistert?

Im Jahr 2012 wurde ich aufgrund von Arbeitsunfähigkeit aus meinem Vollzeit-Arbeitsverhältnis entlassen. Die Ursache war vermutlich auf meine Epilepsie und die damals verschriebenen Medikamente zurückzuführen, jedoch konnte dies nie zu 100% bestätigt werden. In den darauffolgenden sechs Monaten habe ich hart an mir gearbeitet und meinen Inneren Kompass neu ausgerichtet. Ich habe verschiedene Therapien ausprobiert und mich immer für den Therapeuten entschieden, mit dem ich am besten arbeiten konnte. Im Sommer desselben Jahres habe ich den Vertrag für meine neue Wohnung unterschrieben, was für mich sehr emotional war, da es mich an die Kündigung erinnerte. Im Nachhinein bin ich dankbar dafür, dass ich diesen Weg einfach gegangen bin und ich mich nicht von vorhandenen Unsicherheiten hab einschüchtern lassen.

Anfang 2013 habe ich mich dann in die Selbständigkeit gestürzt, was sich als sehr stressig herausstellte. Der Druck, den ich mir selbst gemacht habe, hat meinen Zustand verschlechtert und die Epilepsie-Anfälle wurden häufiger und heftiger. Ich hatte Angst, dass ich die Dosierung meiner Medikamente erhöhen müsste, was mit Nebenwirkungen wie apathischem Verhalten, Teilnahmslosigkeit und depressiven Verstimmungen einherging. Ich lebte in ständiger Angst vor einem Anfall und war nicht mehr so dynamisch wie früher. Doch ich wusste, dass ich etwas ändern musste, um ein möglichst normales Leben führen zu können.

In Absprache mit meinem Arzt beschloss ich, bei meiner bereits eingestellten niedrigen Dosis zu bleiben, solange sich die Anfälle nicht häuften. Ich nahm mein Schicksal selbst in die Hand und suchte nach Lösungen. Ich absolvierte mehrere Abschlüsse und nutzte das erworbene Wissen zur Vertiefung der Behandlungsmöglichkeiten. Vieles lehnte ich aufgrund der fehlenden wissenschaftlichen Fakten oder ausbleibenden Erfolge ab. Doch ich gab nicht auf.

Am Ende hatte ich es geschafft, meine Medikamentendosierung auf homöopathische Mengen zu reduzieren. Ich hatte meine Angst vor den Anfällen überwunden und konnte wieder ein normales Leben führen. Ich bin stolz darauf, dass ich mich nicht unterkriegen lassen habe und dass ich es geschafft habe, meine Epilepsie in den Griff zu bekommen und beruflich sowie privat glücklich bin.

In jeder Situation gibt es zwei Seiten, auch wenn es sich im ersten Moment nicht gut anfühlt. Wie eine Medaille, die auf der einen Seite glänzt, hat auch jede Situation eine Kehrseite. Dieses Sprichwort gilt auch im Spanischen: "no hay malo que por bien no venga". Selbst nach einem unangenehmen Ereignis kann sich eine positive Entwicklung ergeben. Es ist wichtig, aus jeder unangenehmen Situation positive Erkenntnisse zu ziehen und diese für die Zukunft zu nutzen. Lass dich nicht von negativen Gedanken überwältigen, sondern betrachte jede Situation als Chance, zu wachsen und zu lernen.

Denn am Ende des Tages ist es unsere Einstellung, die darüber entscheidet, wie wir Herausforderungen meistern und unser Leben gestalten.

Eva Hautz

stammt aus Österreich und wurde 1968 im Ländle (Vorarlberg) geboren. Dort hatte sie ihre ersten spirituellen Erfahrungen mit 4 Jahren. 1976 Umzug nach Tirol. Ihr wurde die Spiritualität nie genommen, da sie darüber schwieg. Mit 18 hörte sie das erste Mal von Reiki. Der Wunsch wurde geboren, dies auch zu können, der wurde aber zu dieser Zeit nicht erhört. Mit 20 zum ersten Mal geheiratet, aus dieser Beziehung entstanden drei Mädchen. Die Ehe war leider nicht sehr glückbringend, sie war durchzogen von mentaler, seelischer und physischer Gewalt, bis zum Suizidversuch. Nach diesem Erlebnis übernahm sie Verantwortung und ihr Leben in die Hand.

Mit 31 lernte sie ihren 2. Mann Mario kennen, der sie seitdem auf Händen trägt. Mittlerweile ist sie Mama von vier Mädchen und Oma von sechs Enkelkindern.
Mit dem Beginn der neuen Partnerschaft begann ihre Entwicklung im spirituellen Bereich bis zum heutigen Tage. Sie begann mit dem Reiki-Meister, vielen, vielen kleinen Seminaren, Ausbildungen zum Healing-Horses Trainer, Shamanic-Master mit intensiver Verbindung nach Kolumbien, Radionik und Human Design Reading Experte und Coach.

Ihr innerstes Bedürfnis ist es, die Welt zum Positiven zu verändern, die Menschen zu unterstützen in ihrer Entwicklung, in ihrer Gesundheit, in ihrer Freiheit, in ihrer Selbstbestimmung, in ihrer Liebe zu sich selbst und sie in ihr Potenzial zu führen.

Dein Geschenk

Kostenfreies Beratungsgespräch
https://calendly.com/institut-verein-cmd/

Dein Kontakt zu mir

Mail:
verein.cmd@gmail.com

Facebook:
https://www.facebook.com/eva.hautz.7/

Instagram:
https://www.instagram.com/evahautz/

Eva Hautz: "Veränderung ist Bewegung"

Was bedeutet Veränderung für dich persönlich?

Veränderung ist Bewegung und Veränderungen sind die Herausforderungen des Lebens. In der es wichtig ist, flexibel zu bleiben und nicht zu erstarren.

Der Schritt, von dem du jetzt Angst hast, könnte der sein, der alles verändert!

Was sind denn deine drei besten Strategien zum Thema Veränderung?

1. Akzeptanz und Anpassungsfähigkeit:

   Die Fähigkeit, Veränderungen zu akzeptieren und sich schnell anzupassen, ist von entscheidender Bedeutung. Statt Widerstand zu leisten, solltest du dich aktiv darauf einstellen und flexibel auf neue Umstände reagieren. Dies kann bedeuten, neue Fähigkeiten zu erlernen, alte Gewohnheiten loszulassen oder sich neuen Arbeitsmethoden anzupassen. Indem du dich auf Veränderungen einlässt und dich anpasst, kannst du mögliche Chancen nutzen und den negativen Auswirkungen von Veränderungen entgegenwirken.

   Wenn eine dir unerwartete Situation, Problem, Krise auf dich zurollt, nützt es nichts den Kopf in den Sand zu stecken wie der Vogel Strauß. Stelle dich der Situation, sei weich und geschmeidig, so wird der Kelch schnell an dir vorüberziehen.

Eine Übung für dich:
Nimm eine Zeitung in die Hand und forme eine Rolle. Je weicher du mit deinen Händen bist, desto leichter lässt sich die Zeitung zu einer Rolle formen. Je härter du mit der Zeitung bist, **desto** schwieriger wird es. :)
Probiere es aus, wie sich das für dich anfühlt, aber erschlage keinen damit 😃

2. Kommunikation und Zusammenarbeit:

In Zeiten des Wandels ist eine offene und effektive Kommunikation von großer Bedeutung. Das Teilen deiner Gedanken, Bedenken und Ideen mit anderen und das aktive Zuhören, um die unterschiedlichen Perspektiven zu verstehen.
Bau ein dich unterstützendes Netzwerk auf und arbeite mit allen Beteiligten zusammen, um gemeinsame Lösungen zu finden und Veränderungen erfolgreich umzusetzen. Die Zusammenarbeit kann dir helfen, Herausforderungen zu bewältigen und neue Möglichkeiten zu entdecken.

Gerade wenn es dir nicht gut geht, ist ein Netzwerk von besonderer Bedeutung und auch, dass du kommunizierst, dass es dir nicht gut geht. Wie wichtig ist eine Freundin, mit der man alles bereden kann?! Schaffe dir ein Netzwerk, wo du in Zeiten der Not hingehen kannst und sei auch du ein

Anker für die anderen. Es ist immer ein Geben und Nehmen.

Wie einfach wäre es, wenn man auf der Arbeit zusammenarbeitet und zusammenhält? Eben einfach! Und da dürfen wir wieder hinkommen, dass wir einander unter die Arme greifen.
Darum liebe ich meine Arbeit. Ich unterstütze die Menschen in ihrer Kommunikation zu sich selbst, zu ihrem Umfeld, damit sie ihren Platz im Leben wiederfinden und wie ein Stern im Universum leuchten können.

3. Kontinuierliche Weiterentwicklung:

Veränderungen bieten die Chance zur persönlichen und beruflichen Weiterentwicklung. Nutze diese Gelegenheit, um neue Fähigkeiten zu entwickeln, Wissen zu erweitern und dich selbst zu verbessern. Investiere in lebenslanges Lernen, indem du Kurse, Seminare besuchst, Bücher liest oder dich mentorieren also coachen lässt. Indem du dich aktiv weiterentwickelst, kannst du dich besser auf Veränderungen einstellen, deine Anpassungsfähigkeit stärken und deine Chancen auf Erfolg erhöhen.

Wissen kann dir keiner mehr nehmen und die Investition in dich selbst ist das Beste, was du machen kannst. Dies ist das Einzige, was wir mit hinübernehmen, unsere Veränderung und Weiterentwicklung, wenn wir dann wieder inkarnieren, haben wir ein besseres Rüstzeug für diese Erde. Auch deine Fähigkeiten, deine Art und Weise wie du bist und warst, ist das Einzige, was wirklich übrigbleibt, nicht dein Geld, dein Haus, dein Auto etc. Dies ist alles nur Energie, die eine Form von dir bekommen hat. Um diese materielle Form von Energie wird nach unserem Ableben meist gestritten und gekämpft, bis nichts mehr da ist. Dein Wissen, deine Veränderung ist spirituelle Energie für das große Ganze, für deine Seele, die niemals verloren geht, bis in alle Ewigkeit.

Diese Strategien können dir helfen, Veränderungen erfolgreich zu bewältigen. Denk daran, jede Situation ist einzigartig und es kann hilfreich sein, verschiedene Strategien auszuprobieren und anzupassen, um die besten Ergebnisse zu erzielen.

Was war deine größte Veränderung und wie hast du sie gemeistert?

Alle meine großen Veränderungen waren für mich einzigartig und eine jede sehr herausfordernd. Meine besten Strategien haben mir geholfen meinen Weg zu gehen: Zum einen war das zu akzeptieren, flexibel zu bleiben, sich weiterentwickeln und Vertrauen, dass die geistige Welt, die Schöpfung immer einen Weg hat. Ein wichtiges Werkzeug, manche nennen es Ritual, ist für mich in die Stille (Meditation) zu gehen, um zu hören, was ich will, was meine Seele will und wenn die Information kommt, aufstehen, Krönchen richten und weiter geht es.

Einer meiner großen Veränderungen und ein Meilenstein waren mein Suizidversuch, der fast glückte, denn ich hatte auch die richtigen Medikamente geschluckt. Tabletten von meinem damaligen

Mann. Ich wollte nur Ruhe und Stille haben, ich konnte nicht mehr. Er beschimpfte mich mit: "Du faule ..., du bist ein Loch in der Natur". etc.

Zu diesem Zeitpunkt arbeitete ich sehr, sehr hart, musste immer meine Kinder zu jemandem bringen, der auf sie schaute, einmal der und einmal jener. Mein Muttersein war auf eine harte Probe gestellt, denn ich wollte das nicht. Auch heute noch sind meine ersten drei Kinder geprägt von der damaligen Situation und meinen, ich liebe sie nicht. Sorry, meine Augen tropfen gerade, während ich das schreibe.

Also, ich kam in die Klinik, wo man mich wieder ins Leben holte. Es folgte ein Gespräch mit einer Psychologin, ich entschied mich, ohne Tabletten zu sein. Für mich war es so, dass ich selbst aus dem Ganzen herauskommen musste. Nach zwei Nächten entließ ich mich selbst aus der Klinik.

Nach einiger Zeit zeigte mir der Mann einer Freundin, der Nahkampfsportler war, gewisse Tricks. Durch diese Übungen bekam ich wieder Selbstbewusstsein und Stärke. Später lieh ich mir dann eine Ratte ☺ aus, setzte sie mir auf die Schulter und ging in die Kneipe, wo mein damaliger Mann immer war und sagte: "So geht's nicht mehr weiter." An diesem Tag hat er mich verlassen und kam nie wieder. Es war meine Kraft und Stärke! Es folgte dann die Scheidung, da hatte ich noch ein paar Brocken zu schlucken, aber ich schaffte es.

Für mich war es wichtig, dies alles allein zu schaffen, damit ich niemanden die Schuld geben konnte, dass ich diesen Schritt gemacht habe. Genauso wäre es für mich undenkbar gewesen, einen neuen Partner zu dieser Zeit zu haben.

Es gab dann auch ein Happy End für meine Kinder und mich, meinen jetzigen Mann Mario, der mich samt meinen Kindern heiratete. Oh ja, ich habe mich noch einmal getraut! Obwohl mein Vater sagte: „Das kannst du dir aus dem Hirn schreiben, wer nimmt dich mit drei Kindern."

Wir sind ein Jahr miteinander gegangen, ohne Sex zu haben und dann haben wir geheiratet 😊 schräg ich weiß, aber für uns und auch die Kinder war es das Beste! Und nein, ich habe nicht die Katze im Sack gekauft!

Mein Name ist Gisela Jung, geb. 1969. Ich studierte BWL mit Schwerpunkt Personalwesen und arbeite seitdem in der Erwachsenenbildung. Gleichzeitig bin ich Heilpraktikerin für Psychotherapie, Coach und Autorin von Seelenklangbotschaften, Gedichtimpulsen und Kurzgeschichten. Seit 2007 arbeite ich mit verschiedenen Methoden aus der energetischen Psychologie, um Menschen wieder in ihre Kraft zu bringen und dabei hinderliche Blockaden zu lösen.

Wenn Menschen zu mir kommen, befinden sie sich meistens in einem unausgeglichenen Zustand. Herz und Seele sind verrutscht und der Verstand ist meistens in diesem Moment auch kein guter Berater. Meine Aufgabe besteht darin, die Menschen wieder mit ihrem Seelenkern zu verbinden. So können sie wieder bei sich ankommen und fest verwurzelt im Leben stehen und in ihre Eigenmacht kommen.

Dazu biete ich Coaching, Meditationen, Gedichte und Seelenklang-Spaziergänge in der Natur an. Alle Methoden haben ein gemeinsames Ziel: die Verbindung und die Einheit von Körper, Geist und Seele wiederzuentdecken und herzustellen.

Dein Geschenk

Eine Wahrnehmungsübung für den Körper, die ein Zugang zur Meditation sein kann
Diese kann mit Stichwort "Veränderung" unter der folgenden E-Mai angefordert werden:
info@giselajung.de

Dein Kontakt zu mir

Homepage:
https://www.giselajung.de

Facebook:
https://www.facebook.com/profile.php?id=100040639428053

Telegram:
https://t.me/UrtonSeelenklang

Podcast bei Spotify und amazon music: Lausche deinem Seelenklang:
https://spotifyanchor-web.app.link/e/hru00gOInBb

Unsere Begegnung

Gerne möchte ich dich mit auf eine kleine Reise mitnehmen und mit dir über das Thema der Veränderung sprechen. Stell dir vor, wir sitzen beide auf einer Bank im Grünen. Vor uns liegt eine wunderschöne, blühende Wiese und die Sonne scheint uns sanft ins Gesicht. Die Abenddämmerung zieht langsam auf, die ersten Grillen sind zu hören und ab und an fliegt eine Fliege oder Hummel an unseren Ohren vorbei.

Wir beide, du und ich sind tief in ein Gespräch versunken, lauschen unseren Worten und stellen uns Fragen, die uns beide in unserem Herzen und unserer Seele näherbringen. Noch sind wir uns fremd. Doch mit jedem Satz öffnet sich ein gemeinsamer Raum, in dem wir uns entdecken, erfahren und wir tief genährt auseinander gehen. Nach einer geraumen Zeit stellst du mir die Frage:

Was bedeutet Veränderung für dich persönlich?

Diese Frage klingt in mir nach. Ich überlege kurz, wo ich anfange, und ich teile die folgenden Gedanken mit dir.

Wir kommen auf die Welt und atmen tief und kräftig ein. Wir atmen aus und gehen aus dieser Welt. Dazwischen liegt unser Leben mit seinen Veränderungen. Geplante, ungeplante, unerwünschte Veränderungen. Alle Veränderungen, die Kleinen und die Großen, lassen uns wachsen und zu dem werden, was wir in Wahrheit sind.

In meinen Augen drückt das Gedicht „Stufen" von Herrmann Hesse unsere Entwicklungsstufen aus und die Veränderungen in unserem Leben. Sobald wir uns in einem Bereich heimisch fühlen, ob innerlich oder äußerlich, werden wir vom Leben oder dem Körper sanft bewegt. In Bewegung gesetzt, zu wachsen, weiterzugehen und uns den Herausforderungen zu stellen, die jetzt in unserem Leben anstehen.

Du schweigst und lauscht meinen Worten und dann kommt folgende Frage von dir:

Was sind deine drei besten Strategien zum Thema Veränderung?

Meine drei besten Strategien von mir? Lass mich kurz nachdenken. Da ich mit Menschen im Coaching arbeite, kenne ich viele Werkzeuge, die sehr wirksam sind.

Mir ist es immer wichtig, dass die Menschen in ihre Eigenmacht kommen und von mir unabhängig werden. Das heißt, ich gebe Methoden weiter, die eigenständig angewendet werden können, wie z.B. die Klopfakupressur.

Gerne stelle ich dir drei Lieblingsübungen bzw. -strategien vor, die du jederzeit für dich eigenständig anwenden kannst.

1. Expressives Schreiben

Das Expressive Schreiben habe ich in meiner Ausbildung der Positiven Psychologie kennengelernt. Entwickelt wurde diese Methode in den 80er Jahren von James Pennebaker. Das Expressive

Schreiben ermöglicht dir eine schriftliche Auseinandersetzung von Emotionen, inneren Erlebnissen und Ereignissen. Gerade beim Thema Veränderungen wird es dir helfen, deine Gefühle, deine Situationen besser zu verstehen und dir eine neue innere Ordnung zu bringen

Du gehst dabei wie folgt vor:

- Nimm dir mindestens vier Tage hintereinander Zeit und schreibe ca. 15 – 20 Minuten zu deinem Thema der Veränderung.
- Suche dir einen Ort aus, an dem du ungestört bist und schreibe idealerweise mit der Hand einfach los.
- Schreibe ohne jegliche Zensur. D.h. Rechtschreibung, Grammatik, Zeichensetzung spielen hier keine Rolle.
- Bleibe beim Schreiben beim Thema und schreibe alles nieder.
- Alle Gedanken, Gefühle und Emotionen kannst du auf das Papier bringen. Sie müssen auch keine Logik und Sinn ergeben. Lasse Tabus und verrückte Ideen zu.
- Stellst du beim Schreiben fest, dass du zu sehr aufgewühlt bist, dann schenke dir einen Moment Pause. Es geht für dich nicht darum, etwas zu erzwingen, sondern dich mit dem Thema zu befassen.
- Nachdem du eine Einheit geschrieben hast, gibst du dir kurz Pause und ziehst für dich ein erstes Ergebnis. Wie fühlst du dich? Welche Erkenntnisse hast du gewonnen?
- Am nächsten Tag schreibst du weiter und betrachtest das Thema deiner Veränderung auf ein Neues. Lasse dich überraschen, was du bereits für dich bemerken kannst.

Solltest du nach dem Schreiben aufgewühlt sein, stark mit deinen Gefühlen in Kontakt zu sein, gebe dir einen Moment der Zeit und Ruhe. Es ist alles für dich auf dem Papier niedergeschrieben und es wird eine innere Ordnung, Struktur und Erkenntnisse in dich einziehen.

Dieses kurzzeitige Aufgewühlt sein, legt sich wieder und es ist gut, wenn du es einfach annimmst, es akzeptierst und ohne Wertung für dich stehen lässt.

2. Meditation

Der Bereich der Meditation ist ein großes Feld und du findest viele Arten der Meditation. Folgende Meditationen kenne ich und praktiziere sie schon seit den 90er Jahren:

- Zen-Meditation (zum Teil mit Schweigen)
- Geführte Meditation
- Aktivierende Meditation
- Meditation verbunden mit Hypnose
- Meditation mit binauralen beats

Egal welche Meditationsform du für dich wählst, sie haben alle ein gemeinsames Ziel. Dich zu fokussieren, in die Zentrierung zu bringen. Die Einheit von Körper, Geist und Seele erfahrbar zu machen. Ein besonderes Augenmerk liegt dabei, dich auf eine sanfte Art und Weise mit dem Jetzt, dem gegenwärtigen Augenblick zu verbinden.

Wenn es gerade um das Thema der Veränderung geht, gibt es manchmal einige Herausforderungen zu bewältigen. Hier gilt es besonders gut auf dich zu achten und dich zu fragen, was dein

132

Körper von dir benötigt? So brauchst du an manchen Tagen das Sitzen auf einem Kissen in der Stille und an anderen Tagen kommst du damit in keinster Weise zurecht. Da braucht dein Körper Bewegung und das bringt mich auf die dritte Strategie, die ich dir ans Herz legen möchte.

3. Bewegung

Kannst du für dich fühlen, was dein Körper gerade von dir braucht? Damit meine ich, was er wirklich, tief in dir und aus dir braucht.

- Ruhe oder Aktivität
- Aktiven auspowernden Sport oder sanfte Sportarten
- Lange Läufe oder ein Spaziergang
- Yoga mit seinen verschiedenen Ausprägungsarten

Wenn du und dein Körper in einem Veränderungsprozess stecken, sind es meistens verschiedene Entwicklungsphasen, die du erleben wirst. Dann brauchst du an einem Tag die Erfahrung, dich körperlich auszupowern und am nächsten Tag kann dich diese Aktivität völlig in die Erschöpfung bringen.

Dann ist vielleicht ein Spaziergang in der Natur mit schönen Pausen genau das Richtige, um dich zu zentrieren und dich in deine Ausgeglichenheit zu bringen.

Ich lade dich ein, alle drei Strategien bewusst für dich auszuprobieren. Gib dir für alles Zeit und Muße. Probiere es mit Freude und kindlicher Neugierde aus.

Bleibe bei den Methoden, die dir besonders guttun. Ich mache die Erfahrung, dass ich diese Methoden, wie die Jahreszeiten, anwende. Im Herbst / Winter die tägliche Meditation in den Tag und von Frühjahr bis Herbst das morgendliche Schreiben auf dem Balkon. Die Bewegung ist für mich über das ganze Jahr ein beständiger Begleiter. Lasse dich überraschen, was dein persönlicher Favorit wird und welche Methode sich über die Jahre verändert. Es sind alles wunderbare Werkzeuge, die dich dein ganz Leben lang begleiten können, sofern du dies möchtest.

Jetzt sitzen wir beide schweigend auf der Bank, lösen uns von den gesprochenen Worten und hören den Geräuschen der Natur zu. Die Sonne ist schon längst untergegangen, der Abendhimmel beginnt sich zu verändern. Du atmest ein und aus und fragst mich:

Was war deine größte Veränderung und wie hast du sie gemeistert?

Ich drehe meinen Blick zu dir und sehe dir in die Augen. Wir sehen uns einige Augenblicke an und dann richte ich meinen Blick wieder auf die Wiese. Ich schweige und überlege. Was war in meinem Leben die größte Veränderung?

Wenn ich auf mein Leben blicke, dann gab es schon verschiedene Herausforderungen, die mich schlaflose Nächte gekostet haben und mit großer Unruhe begleitet haben. Im Nachgang kann ich gar nicht mehr sagen, was wirklich die größte Herausforderung für mich war, da sie alle in mein Leben integriert sind.

Unabhängig von den Herausforderungen, die die Veränderungen brachten, kann ich doch ein gemeinsames Muster oder einen Ablauf erkennen.

- Wahrnehmung einer Veränderung (Irgendetwas ist anders, aber ich weiß noch nicht was los ist und kann es noch nicht benennen)

- Unruhe oder Ablehnung der anstehenden Veränderung

- Nicht wahrhaben wollen, dass Veränderung Widerstand gegen die Veränderung

- Mit anderen Menschen in Kommunikation gehen und sich ggf. Hilfe und Unterstützung holen

- Die verschiedenen Blickwinkel der Veränderung wahrnehmen und die ersten positiven Aspekte daraus gewinnen

- Akzeptanz und Zustimmung der Veränderung

- Die Veränderung betrachten und für mich erkennen, dass ich einen neuen Entwicklungsschritt erreicht habe und tief in mir und in meiner Seele gereift bin

Ich wende dir wieder meinen Kopf zu und wir sehen uns abermals tief in die Augen. Du nickst und ich merke, dass es tief in dir arbeitet und etwas in dir in Bewegung ist.

Du teilst mir mit, dass du viele Impulse für dich mitnimmst und sie für dich ausprobieren möchtest.

Bevor wir auseinandergehen, lade ich dich noch ein, an einer Körperwahrnehmungs-übung teilzunehmen. Diese kann für dich eine Einführung und Hinführung zur Meditation sein.

Schreibe mir eine E-Mail an: info@giselajung.de mit dem Stichwort „Veränderung". Gerne sende ich sie dir zu.

Ich danke dir für die gemeinsame Zeit auf unserer Bank und unser tiefes Gespräch.

Kathlin Kastilan

Geboren und aufgewachsen bin ich in Mecklenburg-Vorpommern, mit einer traumhaft schönen Seen- und Wiesenlandschaft und magischen Wäldern. Dysfunktionale Verhältnisse in meiner Herkunftsfamilie und die häufig anzutreffende gesellschaftspolitische Engstirnigkeit bis weit nach der Wende waren starke Auslöser, mir endlich 2006 einen langen Traum zu erfüllen und nach Berlin umzuziehen. Ich bin Mutter von zwei Töchtern und eine inzwischen zweifach glückliche Großmutter. Mir ist es ein Herzensanliegen, das natürliche und gemeinschaftlich-nachhaltige Leben im wirklichen Einklang und Rhythmus mit Mutter Erde zu unterstützen.

Zunächst übte ich nach der Schulzeit einen normalen Büro-Beruf aus, bekam meine Kinder und hatte viele Jahre eine gute Ehe. Bis weit in mein eigenes Erwachsenenalter dachte ich, dass wegen meiner feinen Wahrnehmung etwas nicht stimmen müsste. Vielleicht kennst du auch das Gefühl, dich hier vollkommen fremd zu fühlen?

Die starken Allergien meiner Kinder, die damaligen Grenzen der Schulmedizin und auch meine naturverbundene natürliche Einstellung führten mich zur langjährigen Berufsausübung als Heilpraktikerin und bioenergetische Heilerin. Gute 20 Jahre habe ich als Heilpraktikerin eine Praxis geführt. Als alte Seele erschlossen sich mir in den vergangenen fast 25 Jahren peu à peu verschiedene feinstoffliche Bereiche wie die der Erzengel, der Naturwesen, energetische Heilmethoden mit dem Ahnenfeld, Energiearbeit und die Downloads aus meiner Sternenheimat. Meine Hochsensibilität und Hellfühligkeit als meine stärksten medialen Kanäle sind mir in die Wiege gelegt worden.

Die weltweite Mikroben-Krise brachte es mit sich, dass ich meine Praxisarbeit auflöste und meinem stärkeren inneren Ruf immer mehr zu folgen begann: Ich zeige sehr sensitiven Menschen – meistens Frauen – den Weg in ihre ureigene Herzenskraft. Dabei lernen sie, ihre wirkliche Wahrheit anzunehmen und zu leben. Ich unterstütze diese oft vielbegabten, feinsinnigen Menschen, ihre eigenen Grenzen zu akzeptieren und ihre Begabungen umzusetzen. Ganz gleich, ob das bei beruflichen oder privaten Situationen erforderlich ist.

Die energetisch-spirituelle Bewusstseinsarbeit, mediale Unterstützung und geerdete Business-Schritte sind für mich die wichtigsten Elemente, um sensitive Menschen raus aus implantierten, konditionierten emotional-mentalen Programmierungen von falsch und anders sein zurück in ihre ureigene Herzensweisheit zu begleiten. In meiner mehr als 20-jährigen Tätigkeit als Heilpraktikerin und Bioenergetikerin und zeigte sich immer wieder, wie wichtig das Annehmen und Integrieren der Sensitivität für den Heilungsprozess meiner PatientInnen und KlientInnen ist.

Deine Geschenke

Gratis E-Book „Das musst du als sensitiver Empath unbedingt wissen, um in deiner Energie zu bleiben!"
https://www.digistore24.com/product/470918

Gutscheincode: DANKE

Terminbuchung zu einem kostenfreien Gespräch:
https://calendly.com/kathlin_kastilan

Dein Kontakt zu mir

Homepage:
https://frequenzen-und-bewusstsein.de

Facebook:
https://www.facebook.com/KathlinKastilanCoachingundLifestyleprodukte

Instagram:
https://www.instagram.com/kathlin_kastilan/

YouTube:
https://www.youtube.com/@kathlinkastilan/featured

Kathlin Kastilan: "Veränderung führt in die innere Freiheit"

Was bedeutet Veränderung für dich persönlich?

Lass uns mal mit der deutschen Sprache spielen: Im Wort Veränderung versteckt sich ander(s). Veränderung bedeutet für mich immer wieder Wachstum. Das ist mit Loslassen verbunden: Erst im Inneren, dann häufig im Äußeren. Bestenfalls führt uns Veränderung immer mehr in die innere Freiheit und in ein wirklich selbstbestimmtes Leben.

Das Leben selbst ist anders, als man es vielleicht auch noch dir beigebracht hat: Unsere Eltern hatten einen bis maximal zwei Berufe erlernt. Häufig waren sie ihr Leben lang bis zur Rente in einer Firma beschäftigt. Fast alles verlief über Generationen gleich: Nach der Schule wurde eine Familie gegründet, soweit möglich in materielles Eigentum investiert und tagein, tagaus zur Arbeit gegangen. Kommt dir das bekannt vor? Das schien üblich und über abweichende Lebensformen wurde die Nase gerümpft: In der ehemaligen DDR war das zu meiner Teenie- und frühen Erwachsenenzeit zwischen den 70-er und 80-er Jahren bereits auffällig, diese Lebensform in Frage zu stellen.

Mein inzwischen untrügliches Körpergefühl signalisiert mir, wann etwas stimmt und gut ist und wann nicht. Veränderung bedeutet für mich immer wieder Wachstum – mal freiwillig, mal unfreiwillig. Mal angenehm, mal unangenehm. In meiner Welt beobachte ich, dass Veränderung inzwischen nicht mehr mit so viel Widerstand wie einst angenommen wird.

Auch ich unterliege dem Prozess und bin in einem unterschiedlichen Tempo mit Veränderung einverstanden, suche nach Lösungen und gebe mich aktiv dem Prozess hin. Je nachdem, welchen

Einfluss eine Veränderung auf mein Leben hat, gestalte ich den Prozess in Freude oder darf mir erst die Ängste anschauen.

Rückblickend bedeutet Veränderung für mich stets inneres Wachstum, innere Stärke und innere Freiheit. Veränderung beginnt immer im Inneren. Das hören wir anscheinend nicht immer gern. Insbesondere dann, wenn uns eine Situation im Außen scheinbar plötzlich vor die Nase gesetzt wird.
Von einer anderen Perspektive betrachtet, darf ich mich selbst verändern, wenn ich unstimmige äußere Situationen wie bisher nicht mehr haben will. Getreu dem Motto: Wenn's dir nicht gefällt, mach es neu.

Was sind deine drei besten Strategien zum Thema Veränderung?

Alles unterliegt dem Wandel – so auch die Strategien! Folge gern meinen bewährten Tipps, vor allem, wenn es um große Schritte in deinem Leben geht:

Strategie 1:
Sei präsent in jedem Moment und sei radikal ehrlich zu dir selbst. Erlaube dir zutiefst dein Anderssein. Sprich mit absolut vertrauenswürdigen Menschen, die dich fördern und dir einiges zutrauen. Idealerweise sind diese Menschen bereits den Weg gegangen, den du gerade gehst.

Strategie 2:
Beginne deine Veränderung mit kleinen Schritten im Außen umzusetzen. Halte auch bei scheinbaren Misserfolgen und Rückschritten deinen Fokus. Behalte dein Ziel im Auge und lass dich

nicht von Ablenkungen verführen. Achte dennoch stets auf deine eigenen Bedürfnisse und erfülle sie dir im Rahmen deiner Möglichkeiten.

Strategie 3:
Wenn eine Veränderung plötzlich über dich hereinbricht, handle nicht überstürzt und panisch. Tritt innerlich einen Schritt zurück, verbinde dich mit helfenden Menschen und hole dir Unterstützung von wirklich erfahrenen Herzensmenschen. Erlaube dir zeitweise Unklarheit und Unsicherheit. Vertraue darauf, dass sich Lösungen zeigen.

Was war deine größte Veränderung und wie hast du sie gemeistert?

In meinem Leben gibt es nicht die größte Veränderung, denn einige größere Lebensumbrüche gestalteten sich zu einem längeren Zyklus.

Zu diesem Zyklus gehörte die Begegnung mit meiner Dualseele. Damit begann ein langjähriger Transformationsprozess zur Heilung meiner Co-Abhängigkeit und vielschichtiger Anpassungsmuster in Beziehungen. Ich musste frühzeitig lernen, meine Intuition zu unterdrücken. Wegen meiner starken Empathie war ich immer mit dem Ausbalancieren äußerer Umstände beschäftigt. Ich wusste lange Zeit nicht mehr, wessen Bedürfnisse Ich eigentlich erfüllte. Damit war der Nährboden für eine tiefe innere Unzufriedenheit gelegt. Vielleicht kennst du das: Du machst es allen recht und fühlst dich dennoch leer?

Dieser neue Partner, den ich als meine Dualseele erkannte, stand während eines Seminars plötzlich vor mir. Ich spürte dieses enorm starke Energiefeld: Er war mir wenige Monate zuvor im Traum erschienen. Es krachte gewaltig: Von jetzt auf gleich verließ ich meine Ehe und unser gerade fertiggestelltes Eigenheim. Hier wollte ich meine Praxis eröffnen. Unsere fast erwachsenen Kinder blieben beim Vater. Vielleicht kannst du dir vorstellen, wie emotional zerrissen ich war.

Niemand aus unseren Familien war in der Lage, mein Verhalten annähernd zu verstehen. So hatte ich meine gesamte Familie und auch meine damals beste Freundin gegen mich. Knall auf Fall wurde ich aus meinem bisherigen Leben herauskatapultiert.

Ein Leugnen oder ein Verheimlichen dieser starken Liebe wäre zwecklos gewesen.

Ich hatte alles, wirklich alles, auf eine Karte gesetzt: Mein innerer Seelenruf war so stark, wie ich es niemals zuvor erfahren habe. Endlich war ich angekommen! Genauso empfand es mein damaliger Partner.

Es zeigte sich allerdings, dass diese mehrjährige und sogenannte Dualseelen-Beziehung geprägt war von tiefsten Glücksgefühlen und bis dahin quälendsten, unvorstellbaren Machtspielchen, von toxischen Mustern und zermürbendem On-Off-Status, von Untreue und falschen Versprechungen.

Keinesfalls möchte ich den Eindruck vermitteln, dass nur einer in einer Beziehung der „Sündenbock" ist. Natürlich hatte auch ich meinen Anteil beigetragen. Ich erkannte, dass ich mich wiederholt im Kreis drehte. Mein Selbstbewusstsein war komplett im Eimer und mir war klar, dass ich die Beziehung verlassen musste. Das hat einige Anläufe gebraucht.

Es gibt eine spirituelle Sicht und das irdische Erleben. Auf der spirituellen Ebene war und ist mir klar, dass unsere liebsten Menschen und „Feinde" unsere größten Lehrer sein können.

Mein Umfeld allerdings verstand mich damals nicht und war mit der Situation überfordert. Eine „normale" Trennung war aufgrund der intensiven karmischen Bindung scheinbar unmöglich. Ich benötigte mehrere Anläufe, bis ich die Kraft zur endgültigen Loslösung fand.
Aus heutiger Sicht kann ich sagen, dass ich wertvolle Lektionen gelernt habe und mir verschiedene Situationen einfach nicht mehr begegnen werden. Und falls doch, erkenne ich sie deutlich schneller und ziehe meine gesunden Grenzen.

Ich glaube, dass alles SEINE Zeit braucht und vieles ein Entwicklungsprozess im Leben ist. Jedoch müssen wir uns nicht in Selbstmitleid und „Opferitis" verlieren. Inzwischen gibt es professionelle Begleitungen mit verschiedenen Ausrichtungen, um mit guten Hilfestellungen schnelle, ungesunde Situationen dauerhaft zu vermeiden.
Mir haben in dieser „Entpuppung" von der Raupe zum Schmetterling einige spirituelle Ausbildungen geholfen: So erlernte ich multidimensionale Tools, um tiefsitzende energetische Verstrickungen zu lösen. Mein Blickwinkel über Zusammenhänge aus vielen Leben mit gleichen Seelen hat sich erweitert. Immer wieder ist Seelenbalsam für mich, die Stille in der Natur und der Kontakt zur feinstofflichen Welt.

Als alte Seele weiß ich, dass ich bereits viele Facetten menschlichen Seins erlebt habe: als Schamanin, als Priesterin, als Heilerin, als Eingeweihte – mit allen Konsequenzen vergangener Zeiten.

Erkenne dich mit deinem Herzenspotential und trage es in die Welt!

Du wirst gebraucht – glaube daran!

Ich bin Gabi Kleber und glaube fest daran, dass das Leben in jedem Alter voller Möglichkeiten und Chancen steckt. Im Laufe meines Lebens habe ich selbst erfahren, wie wichtig es ist, sich von Blockaden und Ängsten zu befreien, um sein volles Potenzial entfalten zu können. Aus eigener Erfahrung und aus Gesprächen mit anderen Best Ager-Frauen ist mir klar geworden, dass in dieser Lebensphase oft die Frage nach dem Sinn des Lebens und der Wunsch nach der Verwirklichung von Träumen im Vordergrund stehen. Jedes Alter hat so viele Potenziale und bietet Möglichkeiten, die innere Kraft zu entfalten.

Mit meinem ganzheitlichen Mentalcoaching-Ansatz können Ängste und Unsicherheiten transformiert werden. Dabei wird die Kraft des Unterbewusstseins genutzt. Neue Energie und Leichtigkeit werden durch das Coaching freigesetzt. Meine Klientinnen überwinden alte Denkmuster und Begrenzungen aus der Vergangenheit und schaffen so Raum für Kreativität und Fülle in ihrem Leben. Mit neuem Selbstvertrauen können Ziele mit Zuversicht und Entschlossenheit verfolgt und erreicht werden.

Der Weg zum Erfolg in deinem Business führt über mentale Stärke, die richtigen Werkzeuge im Marketing und die Lösung technischer Probleme. Als „Business-Architektin" begleite ich dich gerne und zeige dir Wege auf, mit denen du deinen Traum von beruflicher und finanzieller Unabhängigkeit wahr machen kannst.

Ich glaube, dass jede Frau, unabhängig von ihrem Lebensalter, das Potenzial hat, ihr Leben zu verändern und ein erfolgreiches Unternehmen zu gründen.

Es ist nie zu spät, ein erfülltes und reiches Leben zu führen, denn die Zukunft beginnt jetzt!

Deine Geschenke

Einladung zu einem "Kennenlerngespräch"
Zur Terminbuchung

Einladung zum "Impulscoaching"- 45 Minuten, die dich weiterbringen
Zur Terminbuchung

Dein Kontakt zu mir

Homepage:
https://www.gabikleber.eu

Facebook:
https://www.facebook.com/gkleber

Instagram:
https://www.instagram.com/gabikleber.eu

Gabi Kleber: "Veränderung ist Leben."- " Leben ist Veränderung."

Was bedeutet Veränderung für dich persönlich?

Veränderungen sind für mich der Puls des Lebens. Sie sind der Motor, der uns antreibt und vorwärtsbewegt. Sie bedeuten Leben in seiner reinsten Form, Leben als Reise voller Möglichkeiten, Herausforderungen und Wachstum. Ohne Veränderung würden wir in einer statischen Existenz verharren, ohne die Möglichkeit, uns zu entwickeln und unser volles Potenzial zu entfalten.

Ich erinnere mich an einen Spruch, den ich als Kind und Jugendlicher immer wieder gehört habe: „Bleib so, wie du bist" und ich spürte tief in meinem Herzen, dass dies nicht das wahre Ziel sein kann. Denn wer möchte schon an einem bestimmten Punkt stehen bleiben und sich nicht weiterentwickeln? Wer möchte in seiner Kindheit verharren und nicht die Freude und den Reichtum entdecken, die das Leben in all seinen Facetten bereithält? Es wäre eine trostlose Vorstellung, wenn wir alle starr und unveränderlich wären. Das Leben ist zu kostbar und zu kurz, um in Stagnation zu verharren.

Dennoch ist es verständlich, dass wir manchmal vor Veränderungen zurückschrecken, vor allem, wenn wir einen gewissen Standard erreicht haben. Wir fühlen uns sicher und vertraut in unserem momentanen bequemen Leben und haben Angst, das Bekannte loszulassen und uns in das Unbekannte zu stürzen. Diese Angst ist menschlich und verständlich. Sie sollte uns jedoch nicht davon abhalten, die wunderbaren Möglichkeiten der Veränderung zu ergreifen.

Denn tief in uns Menschen steckt der Drang zu wachsen, uns weiterzuentwickeln und unser volles Potenzial zu entfalten. Dieses Streben nach Wachstum ist tief in unserer menschlichen Natur verwurzelt. Wir sind hier, um uns zu verändern, zu lernen, zu wachsen und uns in unserem Sein zu entfalten. Jede Veränderung, ob groß oder klein, ist eine Chance neue Horizonte zu entdecken.

In meinem eigenen Leben habe ich die Erfahrung gemacht, dass die wertvollsten Lektionen und die tiefgreifendsten Transformationen aus Zeiten des Wandels kommen. Jeder Schritt, den ich getan habe, um mich von alten Mustern, Begrenzungen und Ängsten zu befreien, hat mich meinem wahren Selbst nähergebracht. Die Veränderungen haben mich gelehrt, mir selbst zu vertrauen, meine eigenen Fähigkeiten zu erkennen und meinen Weg mit Mut und Entschlossenheit zu gehen.

Was sind deine drei besten Strategien zum Thema Veränderung?

Eine wichtige Strategie ist für mich, dass ich Veränderungen gegenüber positiv eingestellt bin. Wenn wir den mutigen Entschluss fassen, den Wandel als etwas Natürliches zu akzeptieren, als etwas, das unweigerlich mit dem Leben verbunden ist, dann eröffnen sich uns ganz neue Perspektiven. Wenn wir uns bewusst machen, dass Veränderung ein untrennbarer Bestandteil unseres Lebens ist, dann brauchen wir uns nicht mehr dagegen zu wehren und alles wird leichter. Einer meiner Mentoren hat mir den weisen Satz mit auf den Weg gegeben: „Nichts ist beständiger als der Wandel." Das habe ich für mich als wichtigen Leitsatz abgespeichert.

Veränderungen bieten uns die einzigartige Gelegenheit, unser Leben in neuem Licht zu betrachten und unser Potenzial zu entfalten. Betrachte jede Veränderung als eine Chance, dich weiterzuentwickeln und neue Horizonte zu erkunden. Schau auf die positiven Aspekte, die diese Veränderung mit sich bringen kann, und konzentriere dich auf die Möglichkeiten, die sich dadurch eröffnen.

Nutze positive Affirmationen, um deine Gedanken zu stärken und deinen Glauben an dich selbst zu festigen. Sei dir klar darüber, dass du fähig bist, Herausforderungen zu meistern und aus jeder Erfahrung zu lernen. Ändere deine Denkweise von "Was könnte schiefgehen?" zu "Was könnte ich gewinnen?" und fühle, wie sich eine neue Energie und Begeisterung in dir entfaltet. Um dir deine Denkweise bewusst zu machen, kannst du alle deine negativen Glaubenssätze notieren und positiv umformulieren. Sprich die positiven Glaubenssätze auf dein Handy und höre sie dir so oft es geht an.

Erinnere dich daran, dass Veränderungen zwar unvorhersehbar sein mögen, aber sie sind der Schlüssel zu persönlichem Wachstum und Erfolg. Sie bringen dich aus deiner Komfortzone heraus und ermöglichen es dir, deine Grenzen zu erweitern. Stelle dich neuen Situationen mit einem offenen Herzen und einem mutigen Geist und entdecke die erstaunliche Kraft, die in dir schlummert, um das Unbekannte zu erobern. Sei der Gestalter deines Schicksals und lass Veränderungen zu deinem Verbündeten werden.

Eine weitere wertvolle Strategie ist die Übernahme von Verantwortung. Das bedeutet, Verantwortung für mich und mein Leben zu übernehmen und bewusst Entscheidungen zu treffen: Bin ich ein Opfer oder bin ich eine Schöpferin oder ein Schöpfer?

Eine Metapher kann das Konzept der Opferrolle verdeutlichen. Stellen wir uns eine Figur vor, die ich „Jammerlappen" nenne. Dieser Jammerlappen zeigt uns anschaulich das ständige Klagen und Jammern, das Gefühl, ein Opfer zu sein. Wer will schon sein ganzes Leben in Selbstmitleid versinken und von anderen abhängig sein?

Was auch immer im Leben passiert, auch wenn es von äußeren Umständen beeinflusst wird, haben wir als Menschen immer die Möglichkeit zu entscheiden, wie wir damit umgehen. Sei es der Verlust eines geliebten Menschen oder vielleicht der Verlust des Arbeitsplatzes – solche Ereignisse sind schrecklich, entmutigend und schmerzhaft. Ich kann mich dem Schmerz stellen, ihn fühlen und ihn transformieren, oder ich kann in ein Leiden verfallen, aus dem ich nicht mehr herauskomme. Das Leben selbst ist ein ständiger, unaufhaltsamer Wandel. Wenn wir Mut und die Entschlossenheit haben, damit positiv umzugehen, werden wir zu SchöpferInnen unseres eigenen Glücks und Erfolgs.

Die dritte Strategie, die für mich essentiell ist, heißt Mut, Risiken einzugehen. Der Weg des Wandels ist oft mit Unsicherheit gepflastert, aber es sind die mutigen Schritte, die zu unseren größten Triumphen führen. Habe den Mut, dich von der Sicherheit der Routine zu lösen und neue Wege zu beschreiten, auch wenn sie ungewiss erscheinen mögen. Bewege dich nicht „weg" von der Situation, sondern gehe auf sie "zu"! Das ist ein großer Unterschied. Die Motivation und der Antrieb sind viel größer, wenn ich mir positiv vorstelle, welche Möglichkeiten ich habe zu reagieren und welche großartigen Dinge ich mit Mut erreichen kann.

Wir alle erinnern uns an die Zeiten, in denen wir als Kinder und uns nichts unmöglich schien. Wir waren mutig und haben uns in unserer Fantasie die schönsten Wunschträume für die Zukunft in den schönsten Farben ausgemalt. Manches Mal haben wir vielleicht auch mit Drachen oder Hexen gekämpft und alles ist gut ausgegangen. Wir waren die Sieger! Genau das ist es, was uns als Erwachsene oft fehlt – die Fähigkeit, einfach zu träumen. Wir sollten uns erlauben, von einer Zukunft zu träumen, in der wir unser Leben nach unseren Vorstellungen gestalten können.

Hierbei kann unter anderem die Hypnose kraftvoll sein. Durch Hypnose können wir neue Verhaltensweisen und positive Überzeugungen in unser Unterbewusstsein integrieren. Wir können ein starkes, positives Selbstbild verankern und so unser volles Potenzial entfalten.

Inspiriert von dieser gewinnenden Einstellung und der Kraft unserer eigenen Vorstellungskraft, können wir Veränderungen als aufregende Möglichkeiten betrachten. Gehen wir den Wandel mit Begeisterung und Entschlossenheit an und nutzen wir dabei unsere kreativen Kräfte. In einer Welt voller Möglichkeiten gibt es keine Grenzen für das, was wir erreichen können. Träumen wir groß, handeln wir mutig und gestalten wir unser Leben nach unseren eigenen Visionen. Die Zukunft liegt in unseren Händen, bereit, von uns mit Freude gelebt zu werden.

Nimm dir Zeit, um deine Ziele zu definieren und den Weg, den du einschlagen möchtest, klar zu visualisieren. Lass dich von Rückschlägen nicht entmutigen, sondern sehe sie als Lektionen auf deinem Weg zum Erfolg. Erinnere dich immer wieder daran, dass du das Potenzial hast, Großartiges zu erreichen, und dass Veränderungen die Brücke sind, die dich zu neuen Höhen führen kann.

Ich habe dir eine kleine Visualisierungsübung mitgebracht:

Entspanne dich, schließe deine Augen und atme tief ein und aus. Lasse jegliche Anspannung los, während du dich in eine ruhige und entspannte Position begibst.

Stell dir nun vor, wie du dein zukünftiges Leben in den schönsten Farben siehst. Du bist erfolgreich, glücklich und erfüllt. Visualisiere dein ideales Leben: Wo bist du? Was tust du? Wer ist bei dir?

Nun fülle diese Vision mit Farben aus. Stelle dir vor, dass du einen inneren Pinsel hast und mit jeder Farbe, die du wählst, deine Zukunft lebendiger und positiver gestaltest. Welche Farben dominieren deine Vision? Welche strahlenden Farben repräsentieren Glück, Erfolg, Liebe und Zufriedenheit?

Male die Bilder deiner Zukunft in den lebendigsten Farben aus, als würdest du ein wundervolles Kunstwerk erschaffen. Genieße den Moment und lass dich von deiner Vorstellungskraft leiten.

Nun öffne langsam deine Augen und kehre in die Gegenwart zurück. Nimm die lebendigen Farben und die positive Energie deiner Vision mit in deinen Tag. Erinnere dich daran, dass du die Macht hast, dein Leben in den schönsten Farben zu gestalten. Wiederhole diese Visualisierung so oft du möchtest, um deine Motivation und Zuversicht für deine Ziele zu stärken. Deine Zukunft wartet darauf, von dir in den wunderschönsten Farben gemalt zu werden.

Glaube an dich selbst und deine Fähigkeiten, auch wenn niemand sonst an deine Vision glaubt. Vertraue darauf, dass du die Kraft hast, Hindernisse zu überwinden und auf deinem Weg voranzukommen. Jede Veränderung bietet die Gelegenheit, aus Fehlern zu lernen und zu wachsen.
Stehe zu deinen Entscheidungen und sei bereit, Verantwortung für mögliche Misserfolge zu übernehmen, denn sie sind Meilensteine auf dem Weg zum Erfolg.

Was war deine größte Veränderung und wie hast du sie gemeistert?

Es gibt zwei tiefe Einschnitte in meinem Leben, die ich gemeistert habe. Das war zum einen meine Brustkrebserkrankung 2004 und mein Burnout 2016. Nachdem ich den Brustkrebs überstanden hatte und wieder gesund war, schlichen sich rasch alte Gewohnheiten erneut ein. Und so sagte das Leben zu mir: „Meine Liebe, du hast es noch nicht verstanden". „Ich schicke dir jetzt ein richtig starkes Burnout." Zuerst habe ich es gar nicht richtig bemerkt. Körperliche Veränderungen traten auf und ich konzentrierte mich ausschließlich auf diese körperlichen Symptome. Niemals hätte ich sie mit einem Burnout in Verbindung gebracht. Ich habe das Ausmaß meines Zustandes lange verdrängt, bis es schließlich mit voller Wucht zuschlug. Plötzlich funktionierte gar nichts mehr. Ich war handlungsunfähig, konnte nicht mehr reagieren.
Zum Glück hatte ich eine Ärztin an meiner Seite, die mir klar machte, dass es nicht ausreicht, sich hinzulegen und einfach nichts zu tun. Ich konnte mich nicht zurückziehen und sagen: „Ich ruhe mich jetzt aus". Genau das denken wir, wenn wir überlastet sind. Wir wollen nichts weiter als Ruhe, am liebsten nichts mehr tun und meiden andere Menschen. Diese Ärztin aber sagte zu mir: „Sei proaktiv, kümmere dich um eine Psychotherapie und sorge gut für dich selbst." Das war zunächst nicht das, was ich hören wollte, doch es hat mir sehr geholfen.

Es war ein langer Weg, auf dem ich die Initiative ergreifen musste, und Psychotherapie allein reichte nicht aus. Auf meinem Weg aus dem Burnout gab es unzählige kleine Bausteine, die mich unterstützten und mir halfen, mein Leben wieder in vollen Zügen zu genießen. Ich erkannte, dass es die Summe dieser kleinen Schritte war, die eine große Veränderung bewirkt haben. Mit jedem Schritt fühlte ich mich stärker und lebendiger.

Ich bin dankbar für all die Menschen, die mich auf diesem Weg begleitet haben. Dankbar für die Unterstützung, die ich hauptsächlich von meinem Mann erhalten habe, und für die Kraft, die ich in mir gefunden habe. Jeder Tag ist nun eine neue Gelegenheit, das Leben zu umarmen und die Freuden und Wunder zu entdecken, die es zu bieten hat.

Diese Erfahrung hat mir einen Weg der Erkenntnis und des Wachstums eröffnet. Sie zwang mich, mich meinen eigenen Grenzen und Bedürfnissen zu stellen. Ich musste lernen, auf mich selbst zu hören und mich um mein Wohlbefinden zu kümmern. In diesem Prozess, der für mich nie endet, habe ich auch meine Kraft und den Mut gefunden, mein Leben neu zu gestalten.

Ich schätze die kleinen Freuden des Lebens und achte auf einen ausgewogenen Lebensstil. Mein Burnout war ein Wendepunkt, der mich zu einem tieferen Verständnis meines Selbst und meiner Prioritäten führte. Es war ein Katalysator für positive Veränderungen und hat mich gelehrt, das Leben in seiner ganzen Fülle zu verstehen.

Im Rückblick betrachte ich mein Burnout als ein kostbares Geschenk. Es hat mich geformt, gestärkt und mir gezeigt, wie wichtig es ist, auf mich selbst zu achten und meine Gesundheit an erste

Stelle zu setzen. Das Burn-out hat mich wachgerüttelt und mir gezeigt, dass es an der Zeit ist, meine Träume zu verwirklichen und aus dem grauen Alltag des 9-to-5-Jobs auszubrechen. Ich habe mich entschieden, mutig zu sein, Risiken einzugehen und mein volles Potenzial zu entfalten.

Denn das Leben ist zu kostbar, um es in der Komfortzone zu verschwenden. Denn außerhalb dieser vermeintlichen Sicherheit warten so viele wundervolle Chancen und Möglichkeiten. Für mich hat es sich gelohnt, vertraute Lebensbereiche zu verlassen und Neues und Unbekanntes zu entdecken.

Auch du kannst entscheiden, dass deine Zeit JETZT ist und zeigen, was in dir steckt und deine Träume mit Leidenschaft und Entschlossenheit leben.

Mein Name ist Andreas Lenniger, ich bin in den 1960ern geboren und seit über 10 Jahren mit dem Thema persönliche Weiterentwicklung und Veränderungsmanagement unterwegs. Als Elektrotechnik Ingenieur habe ich einige Jahrzehnte Erfahrungen als Führungskraft und Projektleiter im technologischen Umfeld der Halbleiterbranche und der Fertigungstechnik gesammelt. Das, was ich heute tue, nenne ich Genialitätscoaching für Menschen, die sehr viel im Kopf sind. Nein, dabei lernt man keine neuen Formeln. Es geht vielmehr ums Erkennen und Umsetzen dessen, was bereits da ist. Um Genialität, die nicht im Kopf sitzt.

Es geht darum, Aspekte der eigenen Genialität zu entdecken und zu entfesseln, die verborgen sind und somit meist ungenutzt bleiben. Aspekte, die viele seit der Geburt oder im Laufe der Kindheit vergessen haben. Vergessen in den Phasen intensiver Konditionierung, die wohl jeder Mensch kennt und auch immer wieder durchläuft. Ich rede über jene Aspekte der eigenen Genialität, die über das, was wir logisch beweisen können, hinausgehen. Ich spreche von dem Teil unserer Existenz, der unsere kognitiven Fähigkeiten überschreitet, und der viel weiser und auch viel kraftvoller ist als das, was der brillante Verstand alles schon kennt.

Ich spreche von der Kraft unserer Gefühle, denn mit Dankbarkeit, Begeisterung und Freude strahlst du gleich ganz anders. So veränderst du deine Erfahrungen, deine Realität und ziehst die Erfolge an, die du dir von Herzen wünscht. Wetten?

Es geht um innere Führung und darum, auf die eigene Intuition zu hören. Du wirst dich wundern, wie weise du tief in dir drin bist, damit du für dich die richtigen Weichen im Leben stellen kannst und so den dir eigenen Weg gehst.

Und es geht darum, über Hingabe und Flow die Leichtigkeit wiederzufinden, die es ermöglicht, mit positiver Einstellung Herausforderungen anzunehmen und flexibel auf Veränderungen zu reagieren. Alles ist möglich!

Wer das entdecken möchte, wer das entfesseln möchte, den unterstütze ich dabei.

Dein Geschenk

Kostenloses Online Tool „Finde dein Glück"
https://www.andreaslenniger.de/freebies

Dein Kontakt zu mir

Homepage:
https://www.andreaslenniger.de

Terminbuchung zu einem kostenfreien Gespräch:
https://www.andreaslenniger.de/termine

Facebook:
https://www.facebook.com/bosito04

Instagram:
https://www.instagram.com/andreaslenniger/

LinkedIn:
https://www.linkedin.com/in/andreaslenniger/

Was bedeutet Veränderung für dich persönlich?

Bis vor zwanzig Jahren hätte ich wohl gesagt: „Irgendwann im Leben ändern sich die Dinge nun mal, auch wenn ich das nicht möchte." Ich wollte meine Pläne umsetzen und habe mir gewünscht, dass alles so bleibt, wie ich es kennengelernt habe. Doch ich wurde eines Besseren belehrt. Heute sage ich: „Veränderung ist das tägliche Leben." Jeder von uns verändert sich ständig. Es geht also nicht um die Frage, ob wir uns verändern können, sondern, ob wir uns dessen bewusst sind, dass wir Weltmeister in Veränderung sind.

Vielleicht hat der ein oder andere schon mal gehört, dass unser Körper sieben Millionen Zellen pro Sekunde tötet und diese neu aufbaut. Und das tut er nicht einfach, indem er sie identisch kopiert, sondern indem er auch Neues ausprobiert. Um sieben Millionen Mal pro Sekunde eine Veränderung möglich zu machen, muss ich veränderungsbereit und -fähig sein. Das hat mich wirklich nachdenken lassen. So habe ich erkannt: „Das ganze Leben besteht aus Veränderungen." Da ich auf zellulärer Ebene ungefähr alle sieben Jahre sowieso einen neuen Körper habe, ist verständlich, wenn ich auch über einige Jahre meine persönliche Haltung komplett verändern kann. So habe ich mich viel mit Persönlichkeits-Entwicklung beschäftigt.

Ich muss das zwar nicht tun, aber es ist durchaus normal, dass Entwicklung und Veränderung passieren. Nun, was bedeutet das ganz konkret? Persönliche Weiterentwicklung heißt, ich verändere die Geschichte, die ich über mich selbst erzähle. Zum Beispiel, wenn ich sage: "Ich bin ... zu klein, zu blöd, zu irgendwas". Wer sich mit persönlicher Weiterentwicklung beschäftigt, der kommt früher oder später zu seinen Glaubenssätzen. Der entdeckt limitierende Glaubenssätze wie: „Immer muss ich alles selbst machen" oder „Von nichts kommt nichts" oder „Mir hört ja keiner zu". Veränderung bedeutet für mich, mir klarzumachen, dass ich diese Überzeugungen verändern kann. Sei es gezwungen durch Einflüsse von außen oder freiwillig von innen heraus.

Was sind deine 3 besten Strategien zum Thema Veränderung?

Das Thema Veränderung wird häufig mit dem Ansatz in Organisationen gebracht, dass sich von heute auf morgen etwas radikal verändern soll. „Wir machen jetzt alles anders" heißt es oft nach dem Motto: „Alles Alte war Mist und nur das Neue ist gut." Dieses Vorgehen erzeugt bei vielen Menschen Angst und Ablehnung.

Sie fragen sich, was jetzt auf sie zukommt. Wieso ist das, was bislang war, nicht mehr gut und wieso muss ich nun alles neu erlernen? Das erzeugt auch bei denjenigen, die das Alte mit aufgebaut haben, Unverständnis und Widerstand.

Nehmen wir mal ein Unternehmen mit fünfzig Jahren Tradition. Vielleicht hat der Inhaber gewechselt oder ein neuer Trend revolutioniert deren Markt. Auch wenn sich vieles verändern wird, ist das kein Grund so zu starten. Wer so beginnt, der erleidet mit hoher Wahrscheinlichkeit Schiffbruch. Er wird auf viel Gegenwind stoßen. Das ist nicht der Weg, den ich empfehle und den ich gehe. Ich habe eine dreiteilige Strategie.

Der erste Schritt dieser Strategie heißt Tradition. Gemeint ist damit: Zeige Wertschätzung für das Erreichte. Nimm dir ausreichend Zeit, um zu schauen, was über die letzten Jahre Gutes und Wertvolles entstanden ist. Nimm dir Zeit, dies auch öffentlich anzuerkennen und dafür Dankbarkeit zu empfinden? Wer hat daran mitgearbeitet? Welche großartigen Ideen, welche Patente, vielleicht auch welche Erfahrungen sind dort eingeflossen? Gerade am Anfang ist dieser Schritt so wichtig. Die Erfahrung habe ich immer wieder gemacht. Denn das, was aktuell existiert, ist ja die Basis unseres heutigen Lebens, unserer heutigen Existenz. Damit macht das Unternehmen bis zum heutigen Tag Umsatz. Deswegen ist Tradition, das kommt ja vom lateinischen "trahere" gleich Ziehen, wie der Traktor, so wichtig.

Es heißt, dass uns etwas bis zum heutigen Tag erfolgreich gemacht hat. So schlecht kann es also nicht sein. Es ist gut, wenn man auch in einem Veränderungsprojekt so startet und zunächst schaut, was möchten wir wertschätzen, was ist gut, was soll auch bleiben? Für welche Überzeugungen, die wir haben, sind wir dankbar und was bestärkt uns? Dann hat man einen wichtigen, soliden ersten Schritt gemacht. Dann hat man wahrscheinlich auch einen Großteil der „Betroffenen" im Boot. Also meine erste Strategie heißt: Wertschätzung des Vorhandenen und mit Dankbarkeit auf das Erreichte schauen.

Der zweite Schritt, das hat wahrscheinlich auch jeder schon mal gehört, das ist kontinuierliche Verbesserung. So nennt man das im betrieblichen Umfeld. Die Japaner nennen das Kaizen, was bedeutet, jeden Tag ein bisschen besser zu werden und was auch heißt, sich in kleinen Schritten zu verändern. Regelmäßig Neues auszuprobieren und zu entdecken, ob es nicht mittlerweile leichtere Wege gibt, die Dinge anders, besser oder effektiver zu machen. Ich habe da ein paar Tipps, die dabei helfen, diese Strategie einzuüben: Jedes Mal, wenn du bemerkst, dass du dich sehr an etwas gewöhnt hast, an eine Vorgehensweise zum Beispiel, probiere aus, wie es auch anders gehen kann. Das Ganze trainiert die Veränderungsfähigkeit, denn das ist der entscheidende Punkt. Die Fähigkeit, sich zu verändern, geht vielen Menschen im Laufe der Zeit verloren, weil es ja so bequem ist, es immer gleich zu machen.

Das kannst du im Alltag gut ausprobieren, indem du zum Beispiel mit der anderen Hand die Zähne putzt. Es passiert nichts, wenn das länger dauert. Du kannst es hinterher auch mit der gewohnten Hand dann nochmal machen.

Auch in Unternehmen kann diese Strategie trainiert werden. Das kontinuierliche Verbesserungswesen lädt die Mitarbeiter dazu ein, täglich über Veränderungen nachzudenken. Auch kleine Schritte werden prämiert. Je ungewöhnlicher ein Vorschlag ist, desto höher fällt die Prämie aus. Ich kenne auch Fälle, in denen sogar mutige, misslungene Ideen belohnt werden. Hieran erkennt man, wie reif ein Unternehmen in diesem Punkt ist.

Das Podcast Hören beim Autofahren ist für mich eine inspirierende Quelle. Auch hier ist es möglich, die Veränderungsfähigkeit zu trainieren: Ich höre immer mal wieder andere Podcasts. Ich suche mir einen inspirierenden Kanal oder folge einer Empfehlung. Ich habe auf diese Weise schon richtig spannende Podcasts gefunden, die mich sehr bereichert haben.

Ein weiteres Beispiel ist, fremde, andersartige Speisen auszuprobieren. Ich kenne Menschen, die sagen: „Ich esse immer das gleiche." Ich sehe es als Experiment herauszufinden, wie etwas Unbekanntes schmeckt und was daran neu und interessant ist. Gerade im Umgang mit anderen Kulturen ist das sehr spannend, denn dort ist die Mehrheit anders und ich bin die kuriose Ausnahme. Das alles ist gut für diesen zweiten Schritt, für das tägliche Trainieren der eigenen Veränderungsfähigkeit. Doch die wahrhaft großen Schritte kommen so selten.

Schritt drei ist der, der großen Erneuerung, den ich zu Beginn schon kurz erwähnt habe. Ich nenne diesen dritten Schritt den kreativen Zerstörer oder den bedingungslosen destruktiven Neuanfang. Es geht darum, sich komplett neu zu erfinden, wie der Phönix aus der Asche und sich die Frage zu stellen: „Was wäre, wenn es überhaupt keine Randbedingungen gäbe?" Es geht darum, groß zu denken und die Vorstellungskraft herauszufordern. Das ist auch bei Unternehmens- und Lebens-Visionen wichtig. In diesem dritten Schritt geht es vor allem darum, sich zu trauen. Auch wenn das bedeutet, diesen oder jeden Teil des Lebens oder des Unternehmens komplett neu zu gestalten.

Ich habe oft erlebt, dass diesem Schritt zu wenig Aufmerksamkeit gegeben wird. Es erscheint zu weit weg, zu anspruchsvoll oder wird als unmöglich verworfen. Und man kann es wunderbar prokrastinieren. Wichtig ist: Es kommt niemand, der einem das abnimmt. Irgendwann zwingen die äußeren Umstände uns dazu, dann wird es passieren. Meist ist es dann aber zu spät, um noch selbst zu gestalten und Weichen zu stellen.

Wie erkenne ich den Bedarf einer solchen Richtungsänderung? Indem ich auf meine Gefühle höre und darauf achte, was ständig

Streit, Widerstand oder Stress auslöst. Welche unangenehme Überraschung kommt plötzlich in mein Leben? Wo ist etwas längst zu Ende, an dem ich festhalte? Vielleicht der aktuelle Job oder ein Hobby, dessen anfänglicher Reiz nicht mehr da ist. Viele haben nicht den Mut oder auch nicht das Vertrauen, hier auf Stopp zu drücken und etwas Neues anzufangen.

Dennoch drängt das Leben sie in eine neue Richtung. Wer das in seinem Leben beobachtet und es erkennt, der ist an dieser Stelle eingeladen, gerne nach diesen drei Schritten vorzugehen. Und wenn es sein soll, dann auch den kreativen Zerstörer-Modus zu wählen, in die destruktive Erneuerung zu gehen und sich zu fragen: „Was ist an dieser Stelle völlig Neues möglich?"

Was war deine größte Veränderung und wie hast du sie gemeistert?

Manche Menschen erleben harte Einschläge im Leben - eine Krankheit oder Ähnliches. Ich habe mal nach einem Stromunfall auf der Intensivstation gelegen. Das war ein Wendepunkt in meinem Leben. Darüber rede ich oft in meinen Vorträgen. Doch an dieser Stelle möchte ich gern eine andere Geschichte teilen:

Meine größte Veränderung ist das Erkennen der Tatsache, dass nichts Bestand hat, dass sich alles ständig verändert. Als ich das erkannt habe, hat mir das erst gar nicht gefallen. Der Wunsch nach Kontinuität und all das zu behalten, was ich mir vertraut gemacht habe, was mir sehr viel Freude macht, ist ja allzu verständlich (das Wort kommt von Verstand). Es ist so wertvoll zu erkennen, dass sich alles irgendwann verändert, dass Veränderung die Konstante

im Leben ist. Die größte Herausforderung war für mich, die Veränderung als Chance zu sehen und dass ich dann auch loslassen
darf, wenn es so weit ist.

Dieses "dürfen" klingt wie eine Erlaubnis, weil ich es nett formuliere. Ich könnte auch "müssen" sagen, aber das Verb erzeugt
Zwang, was ein limitierendes Gefühl der Enge und Unfreiheit ist.
Da hatte ich einiges zu lernen. Ich habe Beziehungen erlebt, die
zu Ende gingen. Ich habe Jobs gehabt, die nicht so liefen, wie ich
mir das gewünscht habe. Ich habe herzensliebe Hobbies aufgegeben, weil ich gemerkt habe, dass es so nicht mehr weitergehen
soll. Ich habe die Illusion einer stabilen Welt aufgegeben, weil die
Natur so nicht funktioniert, dass immer alles gleich und voraussag-
bar abläuft. Das Leben ist nun mal Veränderung. Da ist nichts konstant, auch wenn es uns in unserer Lebensspanne so vorkommt.

Dazu gehört auch der Umgang mit dem Thema Angst und Unsicherheiten, was in den letzten Jahren verstärkt hochkommt. Hier
ist jeder eingeladen, für sich eine Antwort zu finden, wie sehr er/sie
sich von äußeren Zukunftsängsten verunsichern lässt.

Ich kann mich diesen Ängsten hingeben und mich in die Starre
oder in die Flucht treiben lassen. Ich kann diese Zeit aber auch als
große Chance sehen, als Geschenk des Himmels und herausfin-
den, welche Weiterentwicklung sich mir dadurch bietet. Viele Menschen haben hier einen großen Schritt gemacht und sich nicht von
den teils geschürten Ängsten herumtreiben lassen.

Ein letztes Bild oder eher eine Begrifflichkeit, was Veränderungen
betrifft, ist auch dies: Die bekannte Unzufriedenheit gegen eine
unbekannte Zufriedenheit zu tauschen. Soll heißen: Das Bekannte, das ich zwar gut kenne, aber was mir nicht mehr gefällt,

soll etwas Neuem weichen, was ich noch gar nicht kenne und von dem ich mir viel Positives verspreche. Ich sehne mich nach etwas, was ich irgendwo gesehen habe und was ich als das größte Glück der Welt ansehe. Zum Beispiel einen anderen Job, wo scheinbar alles locker und leicht abläuft, eine andere Beziehung voller Hingabe oder das Leben an einem traumhaft schönen Ort zu verbringen, wo Milch und Honig fließen.

Die Zufriedenheit, die ich mir dort vorstelle, kann ich nur bekommen, wenn diese Zufriedenheit auch in mir ist. Das ist die Erkenntnis für mich, dass Unzufriedenheit immer in mir, mit mir und neben mir herläuft und die Zufriedenheit eben auch. Die Ereignisse in meinem Leben sind stets in Resonanz zu meinen Gefühlen. Das ist das Gesetz der Resonanz. Alles geht von innen nach außen, nicht umgekehrt. Ich bin der Mittelpunkt meines Universums. Dies zu erkennen, umzusetzen, und damit im Leben etwas zu verändern, finde ich wahrlich genial.

Es geht darum: Die Haltung und die Geschichte zu verändern, die ich über mich selbst erzähle.

Annabel Müller

"Kämpfe nicht mit dem Weg". „Nutze, was er dir gibt!"
So meisterte Annabel 2015 die Königsdistanz des Swiss Irontrails.
Ein Non-Stop-Ultratrail-Rennen über 201 km durch die Schweizer
Alpen - zu Fuß und ohne Schlaf, mit minimaler Verpflegung, bei
Temperaturen von plus 30° bis minus 5° Celsius. Eine gewagte
Herausforderung, physisch und psychisch.

Als ausgebildeter Coach und Speaker kombiniert Annabel Müller
die einzigartigen Erfahrungen des Ultratrail-Laufens mit Ihrem
Wissen aus Management und Coaching. Vom Ultratrail zum Un-
ternehmer - oder wie bei ihrem aktuellen On-
line-Kurs MINDSET TRAIL für alle, die ihre Wünsche verwirklichen möchten.

Angefangen zu Laufen hat die gebürtige Münchnerin 2009 in der
Pfalz. Ihr erstes großes Laufziel: Ein 10-Kilometer-Rennen auf be-
festigten Wegen. Zehn Jahre später stellt sie sich einer der größten läuferischen Herausforderungen: 349 km und 30.879 hm gilt
es beim Tor des Géants zu bewältigen. In maximal 150 Stunden
führt die Route über 25 Bergpässe von bis zu 3.299 Meter Höhe
und das meist abseits befestigter Wege, fernab der Zivilisation und
dazu noch ein plötzlicher Wintereinbruch, gefolgt von extremer
Hitze.

Deine Geschenke

50 % auf meinen Onlinekurs MINDSET TRAIL: Chance50

100 Euro Ersparnis auf die MINDSET TRAIL Leitfaden Ent-wick-lung: Chance100

Terminbuchung zu einem kostenfreien Gespräch:
https://calendly.com/ultraerfolg

Dein Kontakt zu mir

Homepage:
https://www.annabelmueller.de

Facebook:
https://www.facebook.com/annabel.muller.98

Instagram:
https://www.instagram.com/expeditionerfolg/
https://www.instagram.com/ultra.erfolg/

LinkedIn:
https://de.linkedin.com/in/annabel-m%C3%BCller-2b2220152

Was bedeutet Veränderung für dich persönlich?

Nach der Devise "Kämpfe nicht mit dem Weg". „Nutze, was er dir gibt!" habe ich schon so einige Hürden gemeistert. Was aber, wenn es sich nicht mehr um Unwegsamkeiten, Stolpersteine oder das Überwinden von Hindernissen handelt? Was, wenn es dir buchstäblich von heute auf morgen den Boden unter den Füßen wegzieht?

Beim Laufen ist mir das zum Glück noch nicht passiert, im Leben schon. Ich hoffe, dass du das nie erlebst. Ich wünsche dir, dass du dich stets bewusst für die Veränderungen in deinem Leben entscheidest. Dass du bestimmst, wann, wie und wo du etwas ändern möchtest. Doch mal ehrlich, realistisch ist das nicht. Weil sich um uns herum alles ständig und dauernd verändert. Weil wir unmöglich immer auf alles vorbereitet sein können.

So konnte mich auch mein Erfolgsprinzip der "Optimistischen Paranoia" nicht vor dem Sturz bewahren. Was "Optimistische Paranoia" bedeutet und wie sie dir als Sicherungsseil dienen kann, erzähle ich gleich noch.

Was bedeutet Veränderung für mich? Für mich persönlich? Rückblickend haben Veränderungen in meinem Leben fast immer etwas Gutes bewirkt - ob bewusst gesteuert, unbewusst provoziert oder vollkommen ungewollt. Auch wenn sich mir heute noch der Magen zusammenzieht, wenn ich daran denke, wie es sich anfühlte morgens aufzuwachen, in dem Bewusstsein, dass nichts mehr so ist, wie es mal war. Sehr motivierend empfinde ich deshalb den Spruch: "Veränderungen sind am Anfang hart, in der Mitte chaotisch und am Ende schön, wunderbar oder großartig". Wohlwissend, dass jedes Ende zugleich ein neuer Anfang ist.

Was sind deine drei besten Strategien zum Thema Veränderung?

Man könnte auch von 3 Schritten sprechen:

1. AKZEPTANZ

Zu erkennen und anzuerkennen, was ist, auch wenn es gerade ganz anders aussieht als gewünscht, ist oft das Schwierigste. Menschen sind bekanntlich verschieden.

Entsprechend dem Riemann-Thomann-Modell mit seinen vier menschlichen Grundausrichtungen (Nähe, Distanz, Wandel und Dauer), ist das Bedürfnis nach Wandel bzw. Dauer bei jedem unterschiedlich ausgeprägt. Gehörst du zu denen, die bei der Ankündigung eines ganz neuen Trends verheißungsvolle Neugier empfinden, spricht das z.B. für deine Ausrichtung als Wandel-Typ. Den klassischen Dauer-Typ würde das kalt lassen oder sogar abschrecken. Laut Friedemann Schulz von Thun "sind damit bestimmte Arten und Weisen verbunden, mit Krisen und Missstimmungen umzugehen."
(Prof. Dr. Schulz von Thun, Friedemann: das Riemann-Thomann-Modell, https://www.schulz-von-thun.de/die-modelle/das-riemann-thomann-modell, aufgerufen am 31.5.2023).

Das zu wissen hilft ungemein, sein eigenes Verhalten wie das der anderen Beteiligten besser zu verstehen. Wenn die Veränderung dort notwendig ist, wo es uns am meisten schmerzt oder sie bereits ungefragt und ungewollt da ist, kann es auch den sonst für "Abwechslung, Spontanität [und] Kreativität" (ebd.) bekannten Wandel-Typen schwerfallen, sich mit ihr anzufreunden. Die Akzeptanz dessen, was sich sowieso nicht eins zu eins wieder rückgängig machen lässt, ist der erste und wichtigste Schritt für gelungene Veränderung. In den Worten "manches wird erst gut, wenn wir es gut sein lassen" verbirgt sich eine Macht, die wir auch dann noch besitzen, wenn wir uns der Situation gegenüber machtlos fühlen. Das "gut sein" ist verbunden mit dem, die Dinge oder Menschen so "sein lassen", wie sie sind.

2. MUT

Was nicht bedeutet, dass du dich mit einer unerwünschten Situation abfinden sollst. Nachdem du von ganzem Herzen akzeptiert hast, wie die Dinge geradestehen, kannst du dich mutig der Veränderung stellen. Der Gedanke an Veränderung kann uns beflügeln. Er kann uns aber auch Angst machen. Was, wenn…? Wie reagiert mein Umfeld? Welche ungeahnten Nebenwirkungen erzeugen mein geändertes Verhalten? Um diese Ängste zu überwinden und nicht wider besseres Wissen in alten Gegebenheiten und Mustern zu verharren, benötigen wir Mut. Mut zur Veränderung ist, Menschentyp hin oder her, keine Himmelsgabe, sondern lässt sich trainieren. Zum Beispiel indem wir immer wieder mal kleine Veränderungen wagen, um flexibel zu bleiben.

Größere Veränderungen können auch dann noch Angst und Unsicherheit hervorrufen. Mut ist aber auch nicht Furchtlosigkeit. Mut bezeichnet die Fähigkeit, seine Ängste zu überwinden. Meiner Definition nach steht MUT als Abkürzung für **MOTIVATION UND TRITTSICHERHEIT.**

Bei Ultratrail Rennen laufe ich über 100 Kilometer am Stück durch die Berge. Mein längstes Rennen bisher: 349 km und 30.879 hm. Das Zeitlimit beim Tor des Géants, so heißt das Rennen über 25 Bergpässe der italienischen Alpen, beträgt maximal 150 Stunden. Deshalb läuft man, wie der geringe Anteil an Frauen auch, nicht nur bei nahezu jedem Wetter, sondern auch nachts. Und das oftmals allein, mit kaum oder ohne Schlaf.
Ich erinnere mich noch gut an meine allererste Nacht durch die Wälder beim Zugspitz Ultratrail. Auch als ich bei den 201 km und 11.400 hm des Swiss Irontrails zum ersten Mal zwei Nächte ohne Schlaf durchlief. In der zweiten Nacht ohne Schlaf erschienen auf einmal die Halluzinationen. Eine Wurzel sah aus wie ein Wolf, die Felswand wie die Präsidentenköpfe am Mount Rushmore und im Abstieg vom letzten Pass habe ich ein Vorzeige-Gespenst gesehen. Erfahrene Ultratrail Läufer kennen diese Erscheinungen. Ich hingegen hatte keine Ahnung. Im Umgang mit Halluzinationen fehlte mir jegliche Trittsicherheit.

Aber meine Motivation, die Königsdistanz erfolgreich zu bestreiten, war groß genug, um meine Ängste zu überwinden. Und je öfter ich mich traute, genauer hinzusehen, desto rascher erkannte ich, dass es sich um eine Illusion meines müden Geistes handelt. Weil ein Stein, egal welche Furcht einflößende Assoziation hervorruft, sich nicht bewegt. Er zeigt nicht die Atembewegung eines lebenden Raubtiers. Nach und nach entwickelte ich mehr Trittsicherheit in dieser Sache und bemerkte, wenn ich den unheimlichen Gestalten ganz nahe bin, löst sich die Halluzination auf. So traute ich mich durch das Gespenst, das sich im Gegensatz zu den bisherigen Gestalten sehr wohl bewegte, hindurchzulaufen und stelle fest: Es waren nur Nebelschwaden in der Dunkelheit der dritten, schlaflosen Nacht.

Ich nutze das Beispiel der Halluzinationen gern als Metapher, wenn es darum geht, Ängste zu überwinden. Angst hat wie jedes Gefühl eine sinnvolle Bewandtnis. Angst kann uns vor realen Gefahren und bei mangelnder Trittsicherheit vor Übermut schützen. Wenn die Angst aber einem Hirngespinst gilt, dass du während einer gedanklichen Achterbahnfahrt aus Furcht vor Veränderung gesponnen hast, schau nochmal genau hin. Was genau dich erwartet, wirst du nur erfahren, wenn du weiter mutig deinem Weg folgst.

3. VERTRAUEN

In meinen Vorträgen und Seminaren spreche ich seit fast 10 Jahren über Mut, Ausdauer und Entscheidungskompetenz. Während des „Tor des Géants", wurde mir bewusst, dass dieser Trias etwas Wichtiges fehlt. In meinem aktuellen Buch "TRAIL AND ERROR" dreht sich vieles um diese stille Superkraft.

Das Erfolgsprinzip der "Optimistischen Paranoia" war damals bereits Teil meiner Vorträge. Mit optimistischer Paranoia bezeichne ich die Kunst, auf das Schlimmste vorbereitet zu sein und dennoch immer mit dem Besten zu rechnen.

Ich habe vorhin über Ängste gesprochen. Wenn das, wovor ich mich fürchte, objektiv betrachtet ein reales Risiko darstellt, ist es sinnvoll, sich Gedanken über mögliche Absicherungen zu machen. Auch bei bestem Wetter laufe ich nicht ohne Regenjacke über die Berge. Meist habe ich auch ein Erste-Hilfe-Set, Notfall-Lampe und eine Rettungsdecke dabei. Im Gebirge kann das Wetter unerwartet schnell wechseln.

Passieren kann immer etwas - einem selbst oder anderen. Zugleich aber denke ich während der Aktivität nicht darüber nach, was schlimmstenfalls alles passieren könnte. Sonst würde ich bei einem Ultratrail-Rennen gar nicht erst an den Start gehen. In der ersten Etappe von Mindset Trail erzähle ich, was schon vor dem Start alles passieren kann und wie erstaunlich es ist, dass bei all den Unwägbarkeiten über eine derart lange Distanz in der Regel 60 bis 80 Prozent der Läufer*innen das Ziel erreichen. Auf das Schlimmste vorbereitet zu sein, im Vertrauen darauf, dass alles gut gehen wird, erhöht deine Chance auf Zielerreichung - nicht nur auf Ultratrails.

Was war deine größte Veränderung und wie hast du sie gemeistert?

Das Ultratrail-Laufen hat mich verändert. Zurückblickend hat mich nichts im Leben so positiv beeinflusst wie die Erlebnisse am Berg. Bis auf ein Schlüsselerlebnis in der Regionalbahn.

Nach über 10 Jahren Vertrieb und Regionalleitung beschloss ich, mit 33 Jahren nochmal etwas ganz anderes zu machen. Es war ein Tag wie viele andere damals. Ich stand um 5:30 Uhr auf, joggte zehn Kilometer zum Campus und saß bis 16 Uhr im Unterricht. Anschließend wollte ich mit der Regionalbahn zu einer meiner beiden Teilzeitarbeitsstellen fahren. Ich musste mich beeilen, um den Zug zu erwischen. Ich stieg ein und freute mich riesig, einen Sitzplatz zu ergattern. Ich setzte mich und schloss die Augen. Da hörte ich, wie sich zwei Kinder lautstark stritten. Ein Mädchen und ein Junge zankten sich um ein Buch.

Ich schloss wieder die Augen, wollte meine Ruhe, doch der Streit der beiden artete aus. Es kam inzwischen auch zu Handgreiflichkeiten. Dieses Kratzen und Beißen verursachte keinen Lärm, aber die Schreie, die dem folgten. Genervt suchte ich nach Ohropax. "Wenn du mal was brauchst, findest du es nicht", ärgerte ich mich und warf meinen Mitfahrern einen verzweifelten Blick zu. Für die beiden Streithälse fühlte sich niemand zuständig.

Statt der Ohropax fand ich zwei einzelne Euro in meiner Hosentasche. Da kam mir eine Idee.

Ich rief die beiden Kinder zu mir und fragte sie: "Wer von euch hat das Buch zuerst gefunden?" Im Gleichklang schrien beide: "Ich." „Ich habe das Buch zuerst gefunden!" Ich schaute einen Moment von einem Kind zum anderen, bevor ich fragte: "Verkauft ihr mir das Buch, wenn ich jedem von euch einen Euro gebe?" Die beiden überlegten nicht lange. Sie nahmen das Geld und freuten sich. Denn mit dem Buch selbst konnten sie gar nichts anfangen. Ich las den Titel: „Intimität" – und hielt es für einen Schundroman. Meine notorische Neugier zwang mich dennoch, oder vielleicht gerade deswegen, einen Blick hineinzuwerfen.

„Ohne dich", stand da, „Ohne dich würde das Universum etwas an seiner Poesie verlieren, etwas von seiner Schönheit: Ein Lied würde fehlen, eine Note würde fehlen, es entstünde eine Lücke – niemand hat dir das jemals gesagt." (Osho (2013): Intimität. Vertraue dir selbst und den anderen, Berlin, S. 58.)

So etwas hatte mir noch nie jemand gesagt. Ich blätterte weiter und stellte fest, dass es in diesem Buch nicht um Sex ging. Es ging um Selbstliebe. Etwas, das mir in meinem Leben zuvor fremd gewesen war. Es war mir derart unbekannt, dass ich nicht mal bemerkte, dass mir etwas fehlte. Bis zu dem Moment, in dem ich dieses Buch in der Hand hielt. Das Buch war der Schlüssel für eine neue Welt(-sicht). Inmitten des Veränderungsprozesses, zwischen Coaching-Ausbildung, Persönlichkeitsentwicklung und Ultratrail-Laufen fand ich das Urvertrauen, das ich als Kind nicht aufbauen konnte. Es ist dieses grundlegende Vertrauen, das mir heute, beim Laufen wie im Leben, am Berg wie im Business, die nötige Zuversicht und Kraft für Veränderungen verleiht, egal wie unüberwindbar manches im ersten Moment erscheint.

Ich bin Sabrina Princiotta, Copywriterin und Marketingstrategin.

Ich helfe Unternehmen, ihre Botschaften effektiver zu kommunizieren, um mehr Kunden zu gewinnen und ihren Umsatz zu steigern.

Dein Geschenk

Kostenfreies Impuls-Gespräch:
https://calendly.com/sabrina_princiotta/45-min

Dein Kontakt zu mir

Homepage:
http://www.sabrinaprinciotta.de

Facebook:
https://www.facebook.com//brina.panacotta/

Instagram:
https://www.instagram.com/linguastics/

Sabrina Princiotta: „Veränderung heißt raus aus der Komfortzone!"

Was bedeutet Veränderung für dich persönlich?

Für mich bedeuten Veränderungen die Notwendigkeit, aus der Komfortzone herauszutreten und sich neuen Situationen anzupassen. Sie bringen Herausforderungen, aber auch Chancen für persönliches Wachstum und Fortschritt mit sich. Indem wir uns auf Veränderungen einlassen und uns anpassen, können wir neue Erfahrungen sammeln und unser Potenzial entfalten.

Was sind deine drei besten Strategien zum Thema Veränderung?

1. Akzeptanz und Anpassungsfähigkeit: Für mich als Menschenversteherin spielt das eine entscheidende Rolle. Eine positive Einstellung und Offenheit für neue Ideen ermöglichen es uns, Herausforderungen zu bewältigen und Veränderungen als Chance zu nutzen.

2. Zielsetzung und Planung: Klare Ziele und eine detaillierte Planung helfen uns, Veränderungen erfolgreich umzusetzen. Indem wir konkrete Ziele setzen und einen gut durchdachten Plan erstellen, können wir die erforderlichen Schritte identifizieren und eine effektive Struktur für die Veränderung schaffen.

3. Kommunikation und Zusammenarbeit: Eine gute Kommunikation und Zusammenarbeit sind - für mich als Copywriterin - entscheidend, um Veränderungen erfolgreich umzusetzen. Klare und

offene Kommunikation, transparente Pläne und eine offene Kommunikationskultur fördern das Verständnis, die Unterstützung und die Zusammenarbeit aller Beteiligten bei der Umsetzung von Veränderungen.

Was war deine größte Veränderung und wie hast du sie gemeistert?

In meinen jungen Jahren arbeitete ich in vielen Bereichen und konnte nie wirklich meinen Weg zu mir selbst finden.

Ich hatte also das Gefühl, dass ich in meinem Job und in meinem Leben insgesamt in einer Sackgasse steckte. Ich war unzufrieden mit meinem beruflichen Fortschritt und fühlte mich auch in meiner Freizeit eingeschränkt.

Eines Tages entschied ich mich, dass es Zeit für eine Veränderung war. Ich beschloss, meinen Job zu kündigen und eine Auszeit zu nehmen, um zu reisen und mich auf meine kreative Seite zu konzentrieren.

Dies war ein großer Schritt für mich, der viel Mut erforderte, da ich mich immer auf meine Arbeit als Hauptquelle meines Einkommens verlassen hatte.

Ich machte mich auf den Weg und reiste durch Europa, wo ich mich von der Schönheit und Kreativität der verschiedenen Kulturen inspirieren ließ. Ich nutzte die Gelegenheit, um meine eigenen Fähigkeiten und Interessen zu erkunden und nahm an Kursen in Yoga, Meditation und Kunst teil. Ich traf auch andere Menschen, die ähnliche Träume und Ziele hatten, und baute eine Gemeinschaft von Gleichgesinnten auf.

Nach ein paar Monaten kehrte ich zurück und fühlte mich erneuert und gestärkt. Ich hatte eine klare Vorstellung von dem, was ich im Leben erreichen wollte und wie ich dorthin gelangen konnte. Ich erkannte, dass die Veränderung, die ich durchgemacht hatte, raus aus meiner Komfortzone war, aber dass es sich gelohnt hatte.

Ich begann nun meine Karriere als freiberufliche Copywriterin und kombinierte meine kreative Seite mit meinem Unternehmergeist. Ich nutzte meine neuen Fähigkeiten und Kontakte, um mein eigenes Unternehmen zu gründen und bot einzigartige und ansprechende Inhalte für meine Kunden an. Meine Arbeit erregte schnell Aufmerksamkeit und ich gewann viele neue Kunden und Fans.

Heute bin ich glücklicher und erfüllter als je zuvor. Ich habe gelernt, dass Veränderung notwendig ist, um das Leben zu bereichern und dass es nie zu spät ist, einen neuen Weg einzuschlagen. Ich bin dankbar für die Entscheidung, raus aus meiner Komfortzone zu gehen und neue Möglichkeiten zu entdecken, die ich sonst nie gefunden hätte.

Was ich damit sagen will?

Veränderungen gehören zum Leben dazu und sind ein natürlicher Teil unseres Seins. Obwohl Veränderungen notwendig und oft unvermeidbar sind, fällt es vielen Menschen schwer, sich auf sie einzustellen. Eine Veränderung kann alles bedeuten - von einer einfachen Änderung des Arbeitsplatzes bis hin zu einer lebensverändernden Entscheidung wie einer Scheidung oder einem Umzug in eine neue Stadt. Es gibt jedoch eine Tatsache, die uns hilft, Veränderungen zu meistern: Veränderung ist raus aus der Komfortzone.

Egal ob wir es mögen oder nicht, Veränderungen fordern uns heraus, uns anzupassen und unsere Gewohnheiten zu ändern. Sie bringen oft Unsicherheit, Angst und sogar Schmerz mit sich. Aber es ist wichtig zu verstehen, dass diese Herausforderungen Teil des Prozesses sind und dass es normal ist, sich in solchen Situationen unwohl zu fühlen.

Wenn wir uns auf eine Veränderung einlassen, müssen wir uns bewusst sein, dass dies ein Lernprozess ist. Wir müssen uns auf neue Erfahrungen einlassen und offen für neue Ideen sein.

Wir müssen auch bereit sein, Fehler zu machen und aus ihnen zu lernen. Eine Veränderung kann uns tatsächlich eine Chance bieten, uns weiterzuentwickeln und uns persönlich und beruflich zu verbessern.

Der erste Schritt, um Veränderungen zu meistern, ist es, sich selbst zu erlauben, sich unwohl zu fühlen. Dies kann bedeuten, dass man sich Zeit nimmt, sich an neue Umstände zu gewöhnen und sich in einer neuen Umgebung zurechtzufinden. Wir müssen uns auch darauf konzentrieren, realistisch zu bleiben und uns nicht zu überfordern, indem wir zu viel auf einmal ändern wollen.

Wir sollten auch bereit sein, unsere Perspektive zu ändern. Veränderungen bringen oft neue Sichtweisen und Möglichkeiten mit sich, die wir vorher nicht gesehen haben. Wir sollten uns bemühen, offen und flexibel zu bleiben und neue Erfahrungen anzunehmen.

Es ist auch wichtig, Geduld zu haben. Veränderungen brauchen Zeit, um sich zu manifestieren und sich in unser Leben zu integrieren. Wir sollten uns nicht entmutigen lassen, wenn es nicht sofort funktioniert und uns Zeit geben, uns an die neuen Umstände anzupassen.

Silvia Wetter

Hallo und Grüezi, ich bin d'Silvia, Expertin für inspiriertes Marketing & Outdoor Personality Coaching. Ich zeige weitsichtigen, begeisterten und selbstbewussten Unternehmer:innen, wie sie ihr Business aus ihrem Kern und ihrer Tiefe ganzheitlich ans Licht holen. Es geht dabei um VIEL MEHR als nur das einzigartige Profil, die klare Positionierung, die eigene DNA-Erfolgsstrategie®, die Persönlichkeit und den wirkungsvollen Vermarktungs-auftritt. Bist du bereit? Licht aus - Spot an?!

Ich begleite vorausschauende Unternehmer:innen zur einzigartigen DNA-Positionierung beruflich und privat, mehr authentischer Sichtbarkeit und Umsatzwachstum.

Inspiriertes Marketing und Outdoor Personality Coaching sind viel mehr als Beratung, Coaching und Tapetenwechsel. Es geht um deinen Kern und deine Passion aus deiner Tiefe ans Licht! Deine DNA und Passion sind dein ganz persönliches Fundament zum Durchstarten in deinem Business und mit deiner Expertise...

«Du» und dein einzigartiger Mix machen den Unterschied!

Und das ist der Schlüssel! Der Schlüssel zu deiner echten Passion. Bei mir persönlich waren es genau zwei Faktoren. Das eine, das ich seit Geburt in mir und nach außen trage, ist mein Name

"Silvia Wetter" und „Wetter" ist Programm!

Das Wetter ist allgegenwärtig und mit diesem beschäftigen wir uns, ob wir wollen oder nicht. Wir haben kaum eine Chance, uns dem zu entziehen, egal ob die Sonne scheint, ob es regnet, stürmt, schneit oder die nächsten Wolken wieder aufziehen.

Silvia bedeutet auch Waldfreundin. Naturverbunden, egal ob in der Tiefe als Taucherin oder in der Höhe als Berggängerin. Ich erinnere mich, wie ich schon als Kind im Schwimmunterricht meinen Kopf mehr unter, als oben am Wasser hatte.

Das, weil ich so gerne sehen wollte, was da ganz genau unter Wasser ist. Auch das war ein weiterer Schlüssel in meinem Leben.

WAS GANZ GENAU HAT MICH ZU DIESEM EINZIGARTIGEN COACHING BEWEGT? MEIN NAME? WETTER IST PROGRAMM?

Ich liebe es, mich bei jedem Wetter Outdoor zu bewegen und Menschen in ihrer persönlichen Weiterentwicklung als Outdoor & Personality Coach bei sämtlichen Wetterkapriolen und Wettervorhersagen zu begleiten. Egal ob bei Sturm, Sonnenschein oder auch wenn zwischendurch dunkle Wolken aufziehen, es gibt immer wieder Momente, wo wir innehalten dürfen und unsere aktuelle Wettersituation genauer betrachten, um diese neu und anders zu beleuchten. Wir können uns jeden Moment für uns entscheiden und etwas anderes, Neues wählen.

Als begeisterte Taucherin und Berggängerin bot sich mir die einmalige Gelegenheit, die beiden sehr besonderen und spannenden Sportarten miteinander zu verbinden und einzigartige Erfahrungen zu sammeln sowie die mentalen Fähigkeiten für mich weiterzuentwickeln. Und bei beidem ist der besondere Fokus wie auch die einzigartige Perspektive zentral. Somit bin ich bestens vertraut mit den verschiedensten Herausforderungen, die wir immer wieder im Leben erwarten, beruflich und privat.

Und wenn meine Kundinnen und Kunden aus tiefster Überzeugung und Begeisterung «Berge» versetzen für ihre Passion, dann inspiriert mich das noch viel mehr! Bereit?

Lass dich auf deine eigene Reise ein und entdecke für dich die wirklich wichtigen Dinge, die du im Kern beleuchten und ans Licht holen möchtest.

Es ist deine einzigartige und kostbare Zeit - grenzenlos unterwegs!

Deine Geschenke

DNA-Workbook für deine Positionierung zur DNA-Erfolgsstrategie
Jetzt kostenlos anfordern für deine besondere Chance der inspirierten Positionierung unter:
welcome@silviawetter.ch

Terminbuchung zu einem kostenfreiem Gespräch:
https://calendly.com/silviawetter/30min

Dein Kontakt zu mir

Homepage:
https://www.silviawetter.ch

Facebook:
https://www.facebook.com/silvia.wetter.5
https://www.facebook.com/groups/inspiriertesmarketingsilviawetter

LinkedIn:
https://www.linkedin.com/in/silviawettermarketingsocialmediaexpertin/

Silvia Wetter: „Veränderung heißt, Schwächen in Stärken verwandeln!"

Was bedeutet Veränderung für dich persönlich?

Veränderung heißt, die besonderen Perspektiven im Leben wahrzunehmen!

Was sind deine drei besten Strategien zum Thema Veränderung?

Die DNA-Erfolgsstrategie®, sie besteht aus den 4 zentralen Schlüsseln zur professionellen Gesamtvermarktung deines Herzens Business im Einklang mit deiner wahren Persönlichkeit. Dazu gehören folgende Schlüssel

1. Was ist deine Passion? Und wofür schlägt dein Herz?
2. Was sind deine persönlichen Stärken und Schwächen?
3. Wo ist dein Zielmarkt?
4. Deine DNA dank dem wissenschaftlichen Persönlichkeitsprofil

In meinem Programm werden wir gemeinsam dein Persönlichkeitsprofil auswerten und beleuchten. Das ist nur einer der essenziellen Bestandteile zu deinem professionellen Business-Erfolg. Dein Firmenprofil ist dann der 2. Schritt. Im inspirierten Marketing und in der Persönlichkeitsentwicklung nutzen wir dazu verschiedene Tools, eines davon ist die

SWOT-Analyse.

Die SWOT-Analyse Strengths (Stärken), Weaknesses (Schwächen),
Opportunities (Chancen) und Threats (Risiken) sind ein Instrument der strategischen Planung.

Stärken und Schwächen – intern – eigene Stärken und Schwächen im Vergleich zum Markt/Wettbewerb

Chancen und Gefahren – extern – Unternehmung/Angebot im Markt

Und auch da geht es um das HINSCHAUEN, ERKENNEN, ENTSCHEIDEN und HANDELN!

Wenn ich meine eigenen Schwächen erkenne und anerkenne, dann kann ich sie in eine Stärke umwandeln. Dazu darf ich hinschauen und für mich selbst ganz bewusst die Perspektive mit dem klaren Fokus ändern.

Beispiel Glas - halb leer oder halb voll?
Dazu gibt es etliche Beispiele, z.B. das Glas ist immer voll... auch mit Luft.
Und das Beispiel mit den Kieselsteinen! Also, alles eine Frage der Sichtweise?

Kleine Übung für dich im Brainstorming zu Punkt 1. - 3., max. 60 Sekunden.

1. Erkennen - wann bist du bereit dafür?
   Möchtest du nun wirklich hinschauen? Was ist für dich gerade in deiner aktuellen und persönlichen Situation im Ungleichgewicht/Unstimmig?
   Notiere dir das bitte JETZT, 60 Sekunden oder wann immer du stoppen magst.

2. Entscheiden - was brauchst du für dich?
   Wähle für dich die aktuell 3 wichtigsten Punkte, die du JETZT gerade für dich lösen möchtest.

3. Handeln - wie sehen deine nächsten Schritte für dich konkret aus?
   Handle für dich und deine innere Zufriedenheit und Balance. Löse für dich JETZT diese 3 wichtigsten Punkte. Sollte es noch unmöglich sein für dich, starte wieder bei Punkt 1 und versuche es für dich zu erkennen.

Was war deine größte Veränderung und wie hast du sie gemeistert?

Meine größte Veränderung war mein Weg zurück zu mir selbst! Zu meinem inneren Seelenfrieden in der Tiefe und dann wieder ins Licht. Licht aus - Spot an! Time to Shine!

Was heißt das nun ganz genau in Worte gefasst? Wann sind wir bereit für das Erkennen? Was braucht es, bis wir uns wirklich entscheiden und auch für unser Wohl einstehen und zu unserem höchsten Wohle zu handeln.

Ich musste vor allem zuerst wieder einmal für mich erkennen, wie fremdbestimmt und gesteuert ich war. Diktiert und getrieben von Business-Zielen und Leistungen bis zur Erschöpfung. Ich wusste für mich, das ist keine Option und ich habe immer die Wahl. Meine Weiterbildung als Personality Coach, vermehrte Outdooraktivitäten und externe Unterstützung waren unter anderem wertvolle Schlüssel zurück zu mir.

Nur wer diese 3 Themen, Erkennen, Entscheiden und Handeln für sich aus seiner Tiefe ganz genau beleuchtet und nochmals aufgearbeitet hat, der ist auch bereit für «die Veränderung mit der besonderen Perspektive».

Meine Angebote und Programme habe ich mit viel Freude für Frauen und Männer entwickelt, die im Business etwas bewirken wollen – so authentisch wie sie selbst. Warum ist mir das so wichtig? Ich kenne das auch, denn wenn du weißt, was du wirklich möchtest und wofür du brennst, dann kannst du deine Aktivitäten und Energien auf allen Ebenen für deine frische und clevere Business-Vermarktung erfolgreich schärfen. Und ja, auf dem Weg nach oben kann es auch wieder runter gehen.

Ich verstehe die Herausforderungen in der komplexen Businesswelt, da ich selbst jahrelang in internationalen und nationalen Unternehmungen als Leiterin Marketing und Kommunikation wie auch Geschäftsleitungsmitglied unterwegs war und kenne die täglichen Anforderungen in diesen Funktionen bestens. Ich bin vertraut, mich auf sämtlichen Business-Stufen bis hin in der Geschäftsleitungs- und Verwaltungsrats-ebene zu bewegen. Licht aus - Spot an! Time to Shine!

Hallo, mein Name ist Claudia Zekl. Ich helfe Kindern, Jugendlichen und Erwachsenen, ihre Stärken, Talente, Begabungen und Werte zu erkennen und die damit verbundenen Potenziale gezielt für Veränderungen im Leben zu nutzen, um endlich an dem Platz im Leben anzukommen, an dem es gelingt, ein glückliches, erfülltes und vielseitiges Leben zu führen. Ich selbst bin durch meine eigene Lebensgeschichte das beste Beispiel dafür, wie bunt, interessant und spannend das Leben sein kann, wenn man das macht, was der eigenen Persönlichkeit, den eigenen Stärken, Fähigkeiten und Interessen entspricht.

Deine Geschenke

Zugang zu meinen Gratisartikel in der Mag. Claudia Zekl Akademie
gegen Eintrag der Emailadresse unter:
https://claudia-zekl.app.mentortools.com/login

10% Preisreduktion auf meinen Kurs "Die magischen 5 Töpfe - SELBST Coachingkurs" im Wert von EUR 55,-- + 20% MwSt. mit dem Code EBook23 unter:
https://www.digistore24.com/product/480616

Terminbuchung zu einem kostenfreien Gespräch:
https://calendly.com/claudiazekl/20min

Dein Kontakt zu mir

Homepage:
http://www.magclaudiazekl.com

Facebook:
https://www.facebook.com/MagClaudiaZekl/

Instagram:
https://www.instagram.com/claudia_zekl/

LinkedIn:
https://www.linkedin.com/in/claudia-zekl-316aa572/

Claudia Zekl: „Veränderungen eröffnen Möglichkeiten"

Was bedeutet Veränderung für dich persönlich?

Das Leben ist ständig von Veränderungen geprägt, ob wir wollen oder nicht. Gerade jetzt erleben wir eine Zeit, in der wir ständigen und sehr schnellen Veränderungen ausgesetzt sind. Veränderungen können fordernd sein, doch sie eröffnen immer die Möglichkeit, Dinge in einer Art zu gestalten, dass das eigene Leben erfüllter, reichhaltiger, vielseitiger und bunter werden kann. Diese Möglichkeiten zu finden und zu nutzen ist für mich der eigentliche Sinn des Lebens. Nur in der Veränderung erkennt man seine eigenen Stärken, Potenziale, Interessen und findet damit immer mehr zu sich selbst, erkennt sich selbst in seiner eigenen Essenz, Strahl- und Wirkungskraft.

Was sind deine drei besten Strategien zum Thema Veränderung?

1. Veränderungen offen begegnen und danach Ausschau halten, welche positiven Seiten eine nötige Veränderung mit sich bringt. Im Leben kommt es, wie schon erwähnt, immer wieder zu Veränderungen. Viele davon sind ungewollt oder entstehen aus dem Gefühl heraus, dass das, was wir gerade tun, wo wir sind, ... nicht mehr zu uns passt. Das führt zu einschneidenden Entscheidungen, die man nicht immer gerne trifft und die durchaus fordernd und schwierig zu treffen sind, bedeuten auch immer einen großen Schritt ins Unbekannte.

Letztendlich lässt man sich auf Neues ein und weiß zunächst nicht, ob der Schritt gelingen wird. Schaut man auf schwierige Zeiten im Leben zurück, dann erkennt man, dass damit immer persönliches Wachstum verbunden ist. Zu lernen, die Möglichkeit für persönliche Weiterentwicklung auch schon zu sehen, wenn man in solchen Phasen steckt und das Zutrauen in sich zu entwickeln, dass man auch diesen Schritt gut bewältigen wird, weil so viele andere Schritte, die man schon in seinem Leben gesetzt hat, sich im Nachhinein als gut und richtig herausgestellt haben, führt zu einer großen inneren Ruhe und Kraft und hilft, Veränderungen aktiv so zu gestalten, dass man sie einfacher leben kann. Veränderung ist immer eine Chance, dass das Leben besser wird.

2. Veränderungen als natürlichen Bestandteil des Lebens akzeptieren.
Veränderungen gehören zum Leben einfach dazu. Das ganze Leben ist Veränderung. Wir kommen als Baby auf die Welt, werden zum Kleinkind, zum Jugendlichen, zum Erwachsenen. Wir gehen in die Schule, nehmen den ersten Job an, studieren vielleicht, wechseln den Job, heiraten, gründen eine Familie, werden Eltern, …

All diese Entwicklungsschritte gehen immer mit Veränderungen einher. Wir wachsen in neue Rollen hinein, wir entwickeln neue Fähigkeiten, wir nützen unsere Stärken, leben unsere Interessen und Talente aus, erkennen aber auch, wo wir an persönliche Grenzen stoßen, wo unsere Komfortzonen sind und wo wir sie auch verlassen müssen, weil wir in einer Sackgasse angekommen sind. Dies als natürlichen Prozess zu akzeptieren hilft, damit kein

Drama zu verbinden, sondern zu lernen, den eigenen Lebensweg zu gehen, zu gestalten und wenn nötig auch zu verändern.

3. Veränderungen als Spiegel sehen, der einem auch zeigt, wovor wir Angst haben, was wir uns nicht zutrauen und dadurch nach Strategien suchen, diesen Ängsten und Unsicherheiten zu begegnen und sie aufzulösen.

Veränderungen, vor allem, wenn sie vom Leben eingefordert werden, sind ein Spiegel, den uns das Leben vorhält, um uns zu zeigen, wo wir uns weiterentwickeln dürfen, wo wir unsere blinden Flecken haben. Dabei treten Gefühle wie Unsicherheit, Angst, manchmal sogar Panik auf. Diese Gefühle erfüllen eine Schutzfunktion für uns, doch sie lähmen auch. Diesen Gefühlen auf den Grund zu gehen, zu schauen, was z. B. hinter der Angst steckt, hilft jene Bereiche zu erkennen, in denen persönliche Weiterentwicklung ansteht.

Erkennt man diese Bereiche, dann kann man auch schauen, wie man diese Weiterentwicklung am besten ausgestalten kann: durch entsprechendes Wissen, durch Selbststudium, durch Coaching, durch Beratung, durch Begleitung, durch Austausch mit anderen, … Hier gibt es viele Wege zum Ziel und es gilt, den für sich richtigen Weg zu finden, um Zutrauen in sich und in den Prozess zu entwickeln und letztendlich auch Freude daran zu haben, weitere Facetten der eigenen Persönlichkeit erleben zu dürfen.

Was war deine größte Veränderung und wie hast du sie gemeistert?

Meine größte und wirklich lebensverändernde Veränderung brachte ich im Alter von 25 Jahren hinter mich. Ich war damals ein sehr stark von Vernunft geprägter Mensch, dem Sicherheit und Unabhängigkeit von anderen ein ganz hoher Wert war und das führte dazu, dass ich die falsche Studienwahl traf.

Schon als kleines Mädchen wollte ich Lehrerin werden und habe damals immer meine Puppen und Stofftiere unterrichtet. Doch als meine Berufswahl nach Abschluss der Handelsakademie im Alter von 19 Jahren anstand, da war dies eine Zeit, wo Lehrer*innenjobs sehr dünn gesät waren. Da ich mich sehr für Fremdsprachen interessierte, entschied ich mich damals für das Studium zur Übersetzerin und Dolmetscherin. Das Studium war interessant und fordernd und obwohl ich gute Noten hatte, war ich todunglücklich darin, denn ich hatte es nur mehr mit Texten, Wörterbüchern und Fachliteratur zu tun, um mich in verschiedene Bereiche wie Wirtschaft, Medizin, Technik, … einzuarbeiten, um die vorgelegten Texte übersetzen zu können. Mir fehlten die Menschen und mir fehlte meine Lieblingssprache Französisch, denn ich hatte mich für die Kombination Englisch und Russisch entschieden, weil sie anstellungstechnisch die größten Aussichten versprach, nach dem Studium auch zu Aufträgen zu kommen. Jedes Semester stellte ich mir die Frage, ob ich das Studium weitermachen sollte, aber als Mensch, der gelernt hatte, dass man das, was man einmal begonnen hat, auch fertig macht, inskribierte ich Semester um Semester und quälte ich mich da durch. Das ging so lange, bis ich schwer erkrankte.

Erst diese schwere Krankheit und eine Notoperation führten mir vor Augen, dass ich damit am vollkommen falschen Platz in meinem Leben angekommen war. Als ich damit an meinem 25. Geburtstag im Spital lag und gerade ein zweites Leben bekommen hatte, wusste ich, dass es so nicht weitergehen konnte. Ich beschloss also, das Lehramtsstudium doch noch zu machen und entschied mich für die Kombination Englisch und Französisch.

Die Krankheit und der Zufall, der mich zu meiner ersten Ausbildung in Richtung eigene Persönlichkeitsentwicklung führte, als meine damals beste Freundin beschloss, dass wir das NLP Kompaktseminar bei Roman Braun machen, schafften die Gelingensbedingungen dafür, dass diese Veränderung auch gelang. Bei Roman Braun fand ich ein Umfeld, das für mich durchaus fordernd war und doch gab mir dieses Seminar so viel, dass ich dann auch den NLP Master und den NLP Master Practitioner bei ihm machte. Diese Entdeckungsreise zu mir selbst war der Game Changer für alles, was danach kam.

Ich erkannte, wer ich wirklich war, ich entdeckte meine Stärken, Talente, Interessen, Begabungen und Potenziale und ich entwickelte Vertrauen in meine Fähigkeiten und in mich als die Person, die ich nun einmal bin.

Ich erkannte, wo ich falsch gesehen wurde, wo man mir Dinge zuschrieb, die gar nichts mit mir zu tun hatten und welche Möglichkeiten mir das Leben bot. Am Ende meiner Ausbildung verabschiedete ich mich bei Roman Braun mit den Worten: "Für mich stehen nun so viele Türen offen, doch ich weiß gar nicht, durch welche ich gehen soll." Und Roman Braun antwortete mir nur: „Mach sie alle auf." Und das ist seither mein Motto geblieben: Geh durch jede Tür, die dir das Leben bietet und schau, was du dahinter findest. Und mein Leben ist seither bunt, vielfältig, spannend, ereignisreich.

Und ich war endlich glücklich, fand nach dem Studium sofort eine Anstellung an einer Handelsakademie, an der ich auch heute noch unterrichte, und konnte mich so richtig austoben in meinem Job: ich gestaltete riesige Projekte mit Zubringerschulen, um Kindern und Jugendlichen den Umstieg von der Pflichtschule in die berufsbildende mittlere und höhere Schule zu erleichtern, schrieb Lehrbücher für Englisch, unterrichtete in der Schule und in Erwachsenenbildungseinrichtungen, hielt Seminare für Lehrer*innen in ganz Österreich, engagierte mich im Bereich der Schul- und Unterrichtsentwicklung, entwickelte Ausbildungsformen wie die Potenzialentwicklungsklasse, machte zahlreiche Ausbildungen und Studien, die es mir ermöglichten, mich selbst weiterzuentwickeln und meinen Schüler*innen und Studierenden auch bei Lebensfragen zur Seite stehen. Ich wurde Bildungsberaterin, Coach, Expertin für Begabungs- und Begabtenförderung, Potenzialentwicklerin.

2008 machte ich mich nebenberuflich selbstständig und mache ständig 1000 Dinge gleichzeitig, einfach weil ich die Vielfalt brauche, um mir den Spaß an meinem Tun zu erhalten, durch die Freude auch die Grundlage für eine hohe Qualität zu schaffen und um für meine Schüler*innen und Kund*innen auch ein Vorbild zu sein, als Mensch, als Lehrerin, als Trainerin, als Coach, aber auch als Lernende.

Mein oberster Wert ist die Liebe zu den Menschen, mit denen ich zu tun habe und den Dingen, mit denen ich mich beschäftige und ich kann heute nur sagen: Danke, dass es diese einschneidende Krise in meinem Leben gab, denn ich bin an dem Platz angekommen, an dem es mir gelingt, ein reichhaltiges, buntes und erfülltes Leben zu führen und zu lernen, mich zu entwickeln und mit allem, was ich kann für andere da zu sein. Ich komme damit mit so vielen

Menschen in Berührung, die alle mein Leben in unterschiedlicher Weise bereichern und die ich auf ihren Lebenswegen begleiten darf. Und das ist einfach wunderschön.

Ein arabisches Sprichwort

Willst Du Dein Land verändern,
verändere Deine Stadt,
willst Du Deine Stadt verändern,
verändere Deine Straße,
willst Du Deine Straße verändern,
verändere Dein Haus.
willst Du Dein Haus verändern,
verändere Dich selbst.

Hier noch eine Kurzgeschichte für Dich zum Thema „Veränderungen"

Das Leben nach der Geburt

Ein ungeborenes Zwillingspärchen unterhält sich im Bauch seiner Mutter.

„Sag mal, glaubst du eigentlich an ein Leben nach der Geburt?" fragt der eine Zwilling.

„Ja, natürlich, auf jeden Fall!" „Hier drinnen wachsen wir und werden stark für das, was draußenkommen wird," antwortet der andere Zwilling.

„Ich glaube, das ist Blödsinn." sagt der erste. „Es kann kein Leben nach der Geburt geben – wie sollte das denn bitte schön aussehen?"

„So ganz genau weiß ich das auch nicht." „Aber es wird sicher viel heller als hier sein. Und vielleicht werden wir herumlaufen und mit dem Mund essen?"

„So einen Unsinn habe ich ja noch nie gehört!" „Mit dem Mund essen, was für eine verrückte Idee." „Es gibt doch die Nabelschnur, die uns ernährt." „Und wie willst du herumlaufen?" „Dafür ist die Nabelschnur viel zu kurz."

"Ich gebe ja zu, dass keiner weiß, wie das Leben nach der Geburt aussehen wird." „Aber ich weiß, dass wir dann unsere Mutter sehen werden und sie wird für uns sorgen."

"Mutter???" „Du glaubst doch wohl nicht an eine Mutter?" „Wo ist sie denn bitte?"

"Na hier – überall um uns herum." „Wir sind und leben in ihr und durch sie." „Ohne sie könnten wir gar nicht sein!"

"Quatsch!" „Von einer Mutter habe ich noch nie etwas bemerkt, also gibt es sie auch nicht."

"Doch, manchmal, wenn wir ganz still sind, kannst du sie singen hören." „Oder ihre Hand spüren, wenn sie unsere Welt streichelt…."

nach Henry Nouwen,

Eine Geschichte, über die es sich lohnt, nachzudenken. Welcher Zwilling möchtest du sein. An was möchtest du glauben und wie willst du dich weiterentwickeln.

Alle Autoren wünschen dir ein glückliches, erfülltes Leben voller Veränderungen, die du meisterst, weil du an dich glaubst und weil du erkennst, dass du ein wundervolles Wesen bist – ein Geschenk Gottes!

FSC
www.fsc.org
MIX
Papier | Fördert
gute Waldnutzung
FSC® C083411

Zeitfracht Medien GmbH
Ferdinand-Jühlke-Straße 7
99095 Erfurt, Deutschland
produktsicherheit@kolibri360.de